ZWIEBEL-KUCHEN

QUICHE & CO.

Vivo buch

INHALT

VORWORT

Viele der besten Rezepte sind heute so überaus beliebt, weil sie mit wenigen Zutaten und Handgriffen auch von Kochanfängern hergestellt werden können. Wenn sie sich dann noch mit den eigenen Lieblingszutaten individualisieren lassen oder zur praktischen Resteverwertung eignen, gehören sie ganz sicher zu den Klassikern in vielen Küchen. Zwiebelkuchen, Quiches und Co. sind hierfür hervorragende Beispiele. Sie entstammen der süddeutschen bzw. der französischen Küche und eignen sich nicht nur hervorragend als schnell zubereitete und trotzdem sättigende Mahlzeit, sondern sind außerdem auch das ideale Partyfood.

Ein frisch-knuspriger Flammkuchen, eine prall gefüllte Quiche oder ein deftiger Zwiebelkuchen zu einem Glas spritzigen Federweißer – nicht nur Gourmets, sondern auch Liebhaber figurbewusster Gerichte wissen die leckeren Spezialitäten zu schätzen. Gerade wegen der vielen verschiedenen Abwandlungsmöglichkeiten haben Anhänger von Low-Carb- oder glutenfreier Ernährung keinerlei Probleme, die einzelnen Rezepturen im Handumdrehen umzuwandeln oder an den eigenen Geschmack anzupassen. Sie lieben frisches Gemüse oder aromatische Meeresfrüchte? Ein herzhafter Zwiebel-Speck-Kuchen mit Thunfisch passt zum Beispiel perfekt zu einem gemütlichen Abend auf dem Sofa, während der Herbstregen ans Fenster klopft. Etwas frühlingshafter wird es dagegen mit einer glutenfreien Quiche mit Tomaten und Zwiebeln, die sich auch hervorragend für Vegetarier eignet. Ganz gleich, ob Sie sich für traditionellen Zwiebelkuchen, eine Quiche, eine neuartige Pizza-Variation mit Blumenkohlteig oder würzige Bärlauch-Scones entscheiden – Sie werden von den vollen Aromen, dem köstlichen Geschmack und der Vielseitigkeit garantiert begeistert sein.

Einleitung

Zwiebel- oder Flammkuchen, Tarte oder Quiche? – Unterschiede und Gemeinsamkeiten

Wann ist ein Zwiebelkuchen ein Zwiebelkuchen und was unterscheidet ihn von einem typischen Flammkuchen? Sind die Grenzen zwischen einer Quiche und einer Tarte fließend oder gibt es zwischen beiden ganz klare Unterscheidungskriterien? Wer nicht gerade eine Ausbildung zum Koch hinter sich hat oder aus dem Elsass kommt, dem wird es mit großer Wahrscheinlichkeit schwerfallen, die genauen Unterschiede zwischen Zwiebelkuchen, Flammkuchen und Co. zu definieren. Das liegt unter anderem daran, dass die Zutaten bei den Grundrezepten so ähnlich und die Zubereitungsmöglichkeiten so vielseitig sind. Daher erweist es sich als hilfreich, einen Blick auf die Besonderheiten sowie die Eigenheiten von Quiche, Tarte, Flammkuchen und Co. zu werfen.

Der Zwiebelkuchen – deftig, herzhaft und voller Aromen

Woher die Bezeichnung Zwiebelkuchen stammt, dürfte kein Mysterium sein: Seine Hauptzutat, die Zwiebel, hat dem herzhaften Kuchen seinen Namen verschafft und ist zudem für seinen charakteristischen Geschmack verantwortlich. Der typische Zwiebelkuchen wird vor allem in Süddeutschland, in der Schweiz sowie im Elsass gern verspeist und gilt dort als regionale Spezialität. Der herzhafte Kuchen, der in der Schweiz auch als Zwiebelwähe bezeichnet wird, besteht in der klassischen Variante aus relativ wenigen Zutaten und ist günstig in der Herstellung. Normalerweise bildet ein einfacher Hefeteig die Grundlage, auf der anschließend ein Belag aus Sauerrahm, Eiern, Speck und den namensgebenden Zwiebeln verteilt wird. Diese werden in Butter angeschwitzt, ehe sie auf dem Kuchen platziert werden. Auf diese Weise erhält der Zwiebelkuchen seinen charakteristisch mild-süßlichen Geschmack. Der deftige Leckerbissen wird übrigens am besten frisch aus dem Ofen verzehrt, weil sich seine Aromen dann besonders gut entfalten. Am Tag nach der Zubereitung kann er gern in der Mikrowelle aufgewärmt oder notfalls auch kalt verspeist werden. Als Snack ist er dann ideal geeignet, um als Mitbringsel bei einer Party zu dienen oder im gut gefüllten Picknickkorb zu landen.

Zwiebelkuchen und Wein – zwei hervorragende Partner

Der Zwiebelkuchen ist als Spezialität in verschiedenen Weinanbaugebieten zu Hause und harmoniert dementsprechend hervorragend mit dem alkoholhaltigen Traubensaft. Besonders gern wird er mit Neuem Wein kombiniert. Dieser wird in Deutschland auch als Federweißer oder Federroter bezeichnet und besitzt noch einen relativ geringen Alkoholgehalt. Wer lieber auf ausgereiften Wein setzen möchte, sollte am besten eine trockene Weißwein-Variante wie zum Beispiel einen Riesling oder einen Burgunder wählen. Alternativ harmoniert der Zwiebelkuchen auch mit einem spritzigen Kräusenbier.

Der Flammkuchen – traditioneller Genuss mit frischen Noten

Der Flammkuchen und der Zwiebelkuchen haben vor allem mit Blick auf den Belag sehr große Ähnlichkeit: Auch bei dieser regionalen Spezialität kommen Sauerrahm, Zwiebeln und Speck zum Einsatz. Im Gegensatz zum Zwiebelkuchen werden die Zwiebeln beim Flammkuchen aber roh verwendet. Dadurch wird der Flammkuchen etwas leichter und behält sich eine frisch-scharfe Note. Das größte Alleinstellungsmerkmal beim Flammkuchen ist jedoch sein Teig. Dieser sollte am besten hauchdünn sein, damit er beim Hineinbeißen richtig schön knuspert.

Früher wurden Flammkuchen verwendet, um die Temperaturen in den typischen Holzbacköfen zu testen. Wenn sie zu langsam gar wurden, konnte der Ofen noch ein wenig Hitze vertragen, bevor das Brot hineingeschoben wurde. Und wenn der Flammkuchen binnen kürzester Zeit durch war oder gar verbrannte, war klar, dass die Hitze im Ofen auch für das Brot zu heiß war. Auf diese Weise hat der Flammkuchen auch seinen Namen erhalten. Heute ist der flache Kuchen mit dem frischherzhaften Belag ein echter Trendsetter, der in den verschiedensten Varianten angeboten wird. Besonders beliebt sind vegetarische Versionen wie etwa ein Flammkuchen mit Lauch und Ziegenkäse oder besonders deftige Rezepturen wie der ungarische Flammkuchen mit Salami. Genossen wird der Flammkuchen – ähnlich wie der Zwiebelkuchen – am besten ganz frisch aus dem Ofen mit einem Glas gekühltem Neuen Wein.

Die Quiche – klassisches Rezept im modernen Look

Genauso wie der Flammkuchen ist auch die Quiche ein sehr traditionelles Gericht, das im benachbarten Lothringen angeblich schon im 16. Jahrhundert zum ersten Mal serviert wurde. Schöpfer der Quiche war ein Bäcker, der einen klassischen Brotteig als Grundlage verwendete und diesen mit einer ganz besonderen Füllung in eine echte Delikatesse verwandelte: Räucherspeck, Sahne und Eier – mehr brauchte es nicht, um die heute weltbekannte Quiche Lorraine zu entwickeln. Entgegen der allgemeinen Auffassung haben Zwiebel und Käse in der Originalrezeptur nichts zu suchen. Sie fanden erst deutlich später ihren Platz in der Quiche, genauso wie der Mürbeteig, der heute in den meisten Fällen für die Herstellung verwendet wird.

Berühmte Varianten der Quiche

Die französische Bezeichnung Quiche bedeutet ins Deutsche übersetzt so viel wie „Kuchen" und existiert in mehreren Varianten. Die typische Quiche Lorraine, die für viele Experten als die einzig wahre Quiche gilt, kommt mit den Zutaten Speck, Sahne und Eier aus. Werden dieser Kombination noch Zwiebeln hinzugefügt, spricht man von einer Quiche Alsacienne. Und die Ergänzung der Quiche Lorraine durch würzigen Käse ist als Quiche Vosgienne bekannt geworden. Beide Varianten sind regional entstanden, mittlerweile aber allgemein weit verbreitet.

Eine Quiche kann entweder befüllt oder belegt werden und macht optisch einiges her. Traditionell wird dieses Gericht gerade in Frankreich vor allem montags serviert, weil sich in einer Quiche die Reste vom vergangenen Wochenende so herrlich verarbeiten lassen. Das spart Zeit, ist praktisch und vor allem auch günstig. Gleich-

zeitig bieten sich kreativen Kochfreunden unzählige Möglichkeiten, um eine Quiche ganz nach dem eigenen Geschmack zuzubereiten: Eine Brennnessel-Frühlingszwiebel-Quiche ist das ideale Gericht für alle Liebhaber frischer Wildkräuter, während eine Makrelen-Lauch-Quiche alle Freunde von Fischgerichten zufriedenstellt. Je nach Füllung oder Belag können sowohl verschiedene Weiß- und Rotweine sowie auch Bierspezialitäten zur Quiche gereicht werden.

Die Tarte – so einfach und doch so raffiniert

Die Tarte ist eine weitere Kuchenart, die der französischen Küche entstammt. Sie erinnert an eine Mixtur aus Flammkuchen, Quiche und einem klassischen Kuchen mit Belag. Dabei besticht die klassische Tarte durch einen ganz eigenen Teig, für dessen Herstellung traditionell weder Salz noch Zucker verwendet werden. Es handelt sich hierbei um einen Mürbeteig, der praktisch lediglich als Unterlage für den Belag der Tarte dient, selbst aber nur minimal Geschmack zur Komposition beisteuern soll. Umso wichtiger ist es, dass die einzelnen Zutaten für den Belag der Tarte besonders sorgfältig ausgewählt werden. Wie immer gibt es hierbei für den eigenen Genuss keine Grenzen: Eine Garnelen-Lauch-Tarte schmeichelt den Gaumen von Liebhabern exquisiter Genüsse, während eine Blumenkohl-Tarte mit Karamell-Zwiebeln auf besonders raffinierte Art und Weise süße und herzhafte Noten miteinander verbindet.

Die Zutaten – Basis-Elemente und Abwandlungen

Traditionelle Rezepturen verlangen meist nach ganz spezifischen Zutaten. Die Quiche Lorraine ist hierfür ein gutes Beispiel. Eine moderne Interpretation dieser klassischen Gerichte erlaubt jedoch zahlreiche Abwandlungen, indem bestimmte Zutaten hinzugefügt, weggelassen oder ausgetauscht werden. Gerade bei den herzhaften Kuchen-Varianten gibt es zahlreiche Möglichkeiten, um zu experimentieren. Gewürze, Kräuter, Früchte, verschiedene Gemüse sowie auch Fisch und Fleisch lassen sich hervorragend in einen Zwiebelkuchen, eine Quiche oder einen Flammkuchen integrieren. Bevor es aber Zeit wird, der eigenen Kreativität freien Lauf zu lassen, sollten Sie zunächst die wichtigsten Grundzutaten kennenlernen. Ohne Teig, Zwiebeln sowie Rahm, Schmand oder Crème fraîche geht es schließlich nicht.

Teigvariationen – von der neutralen Unterlage zum raffinierten Herzstück

Bei den meisten Kuchenkreationen wird dem Teig nur wenig Aufmerksamkeit geschenkt: Er dient als Unterlage für Früchte oder Cremes, sollte entweder locker oder saftig sein und abgesehen davon eher weniger auffallen. Auch bei Flammkuchen, Tarte und Co. wird der Teig häufig in den Hintergrund gedrängt, dabei stehen und fallen eine gute Quiche oder ein leckerer Zwiebelkuchen mit der Beschaffenheit des Teiges. Geht der Hefeteig nicht auf, wird er zäh oder matschig, kann auch ein noch so köstlicher Belag nicht mehr helfen. Dasselbe gilt für Flammkuchenteig: Ist er nicht dünn und knusprig, verliert der Flammkuchen seine Leichtigkeit und erinnert mehr an eine missglückte Pizza. Deshalb sollte der Teig nicht als Nebensächlichkeit behandelt werden.

Glutenfreier Mürbeteig

Unter einer Lebensmittelunverträglichkeit zu leiden, bedeutet heute längst nicht mehr, dass man auf alle leckeren Genüsse verzichten muss. Auch eine Quiche kann mit den richtigen Zutaten ganz unkompliziert auch glutenfrei entstehen. Wichtig ist hierbei, das Mehl im Teig angemessen zu ersetzen. Anstelle von Weizenmehl kann beispielsweise Buchweizenmehl, Maismehl oder Kartoffelmehl verwendet werden. Außerdem haben viele Hersteller mittlerweile fertige Mehl-Mixe ins Sortiment aufgenommen, die glutenfrei sind und sich hervorragend zum Backen eignen.

Ganz gleich, für welches Flammkuchenrezept man sich entscheidet – der Teig sollte immer hauchdünn sein und beim Backen knusprig-kross werden. Meist wird der Flammkuchenteig aus denselben Zutaten wie ein typisches Mischbrot hergestellt: Mehl, Salz, Wasser und ein Schuss Öl – mehr braucht es nicht, um einen einfachen Teig für leckere Flammkuchen zu kreieren. Wichtig ist außerdem, dass der Teig gut durchgeknetet ist. Beim Ausrollen kann es helfen, Teig und Nudelholz mit ein wenig Mehl zu bestäuben. Das Praktische an diesem Teig: Auch Veganer können ihn bedenkenlos genießen.

Ähnlich wie beim Flammkuchen wurde auch die klassische Quiche eigentlich aus einem Brotteig hergestellt. Mittlerweile sind die meisten Rezepturen aber dazu übergegangen, einen einfachen Mürbeteig zu verwenden. Butter, Mehl und Salz sind hierfür die Hauptzutaten. Wer die Butter durch Margarine ersetzt, erhält einen veganen Teig, der außerdem auch für Genießer mit einer Laktoseintoleranz geeignet ist. Und auch für einen Low-Carb-Anhänger gibt es Rezepte, die das Kohlenhydratkonto kaum belasten. Etwas geschmeidiger und gefälliger bei der Verarbeitung wird der Teig für die Quiche, indem Eier und Milch hinzugegeben werden. Anschließend gilt auch hier: Kneten, kneten und nochmals kneten, bevor der Teig zu einer leckeren Quiche mit Lauch und Champignons oder anderen köstlichen Genüssen verarbeitet wird.

Rezepte rund um Zwiebelkuchen präsentieren meist verschiedene Teigarten: Auf der einen Seite gibt es die Versionen mit einem klassischen Hefeteig, auf der anderen Seite existieren auch zahlreiche Abwandlungen von sogenannten Quark-Öl-Teigen. Die Zutatenliste ist bei beiden Varianten relativ kurz und ob man für einen Vorarlberger Zwiebel-Speck-Kuchen oder einen Zwiebelkuchen mit Äpfeln und Speck nun einen Quark-Öl-Teig oder einen Hefeteig benutzt, bleibt letztendlich jedem selbst überlassen. So oder so können beide Varianten nicht nur für Zwiebelkuchen, sondern auch für herzhafte Pizzen benutzt werden. Während der Vorteil des Quark-Öl-Teigs die relativ kurze Zubereitungszeit ist, kommt der Hefeteig mit günstigeren Zutaten aus. Für ihn benötigt man nur Hefe, Mehl, Wasser, Salz, Zucker und einen Schuss Olivenöl. Beim Quark-Öl-Teig werden dagegen Mehl, Backpulver, Salz, Milch, Öl und Speisequark benötigt.

Die Zwiebel – Lauchgewächs für besonderen Genuss

Als Lauchgewächs aus der Familie der Amaryllisgewächse ist die Zwiebel praktisch überall auf der Welt bekannt und schon vor mehr als 5000 Jahren hat der Mensch sie als Heil- und Gemüsepflanze genutzt. Im Laufe ihrer Geschichte war sie Zahlungsmittel, Schutzsymbol gegen die Pest und Opfergabe für die Götter. Im Zusammenhang mit Zwiebelkuchen, Quiche und Co. wiederum gehört sie zu den wichtigsten Zutaten, auf die man für einen echten Genuss nicht verzichten sollte. Auch dann, wenn das Zwiebelschälen einiges an Mühe bereitet. Doch was ist eigentlich mit den Unterschieden zwischen den einzelnen Zwiebelsorten? Gibt es Zwiebeln, die sich für den gleichnamigen Kuchen, eine Quiche oder einen Flammkuchen eher eignen als andere?

Die klassische Küchenzwiebel – vielseitig und lecker

Die klassische Küchenzwiebel besitzt eine hellbraune Schale und einen intensiven Duft. Sie schmeckt würzig und intensiv mit einer leichten bis mittleren Schärfe, die vor allem beim Rohverzehr deutlich spürbar ist. Beim Anbraten oder Dünsten wiederum wird die Zwiebel sehr mild und süß. Sie verliert ihre Schärfe sowie auch den würzigen Charakter. Beim Zwiebelkuchen wird die Küchenzwiebel in der Regel immer angebraten, bevor sie auf dem Teig landet. Bei einem Flammkuchen dagegen kommt die Zwiebel roh, dafür aber in deutlich geringerer Menge auf den Belag. Rote Küchenzwiebeln sind meist etwas milder, wohingegen auch manche braunen oder gelben Sorten weniger Schärfe und ätherische Öle mit sich bringen.

Die Last mit dem Zwiebelschneiden – warum fließen die Tränen?

Um den leckeren Geschmack der Zwiebel genießen zu können, muss diese selbstverständlich zunächst einmal klein geschnitten werden. Das ist für die meisten Menschen eine echte Last, denn Zwiebelschneiden treibt uns die Tränen in die Augen. Schuld daran sind eine Aminosäure sowie ein Enzym in den Zellen der Zwiebel: Sobald die Zwiebel angeschnitten wird, verbinden die beiden Stoffe sich miteinander und lassen ein reizendes Gas entstehen, das aufsteigt und die Schleimhäute in der Nase reizt. Um diese Reizung zu vermeiden, sollte man sich beim Zwiebelschneiden am besten nicht direkt über das Gemüse beugen und durch den Mund atmen.

Lauch und Frühlingszwiebeln – vollaromatisch und optisch ansprechend

Lauch und Frühlingszwiebeln ähneln einander in erster Linie optisch und gehören beide wie auch die Küchenzwiebel zur Familie der Amaryllisgewächse. Sowohl der Lauch als auch die Frühlings- oder Winterzwiebel sind dem Menschen schon seit mehreren Tausend Jahren bekannt und werden auch in Deutschland kultiviert. Während der Lauch oder Porree allerdings ursprünglich aus dem Mittelmeerraum stammt, ist die Frühlingszwiebel eigentlich im asiatischen Raum beheimatet gewesen. Lauch und Porree können genauso wie klassische Küchenzwiebeln verwendet werden, bringen allerdings nur einen minimalen Eigengeschmack mit sich. Beide sind nicht so scharf und geschmacksintensiv wie würzige Küchenzwiebeln, können dafür aber optische Akzente auf einem Flammkuchen oder einer Quiche setzen. Insbesondere Frühlingszwiebeln werden gern für die Kreation von sommerlich-leichten Flammkuchen verwendet.

Knoblauch und Bärlauch – würzig und raffiniert

Bärlauch und Knoblauch gehören zwar ebenfalls zu den Lauchgewächsen, sollten wegen ihres intensiven Geschmacks und ihrer würzigen Noten immer nur in Maßen verwendet werden. Keinesfalls sind sie als Ersatz für die klassische Zwiebel etwa auf einem Zwiebelkuchen zu nutzen. Stattdessen empfiehlt es sich, Knoblauch sehr klein zu schneiden oder durch eine Presse zu drücken und in einer zurückhaltenden Dosierung auf Quiche, Flammkuchen und Co. zu verteilen. Auf diese Weise steuert der Knoblauch nicht nur seine eigene Note bei, sondern wirkt gleichzeitig auch geschmacksverstärkend. Bärlauch hingegen sollte am besten nicht erhitzt werden, weil er sonst an Geschmack und Aroma verliert. Wer eine Quiche oder einen Flammkuchen mit dem würzigen Geschmack verfeinern möchte, sollte die Blätter des Bärlauchs fein hacken und anschließend gut dosiert über den fertigen Kuchen geben.

Sauerrahm, Schmand oder Crème fraîche?

Wenn es um Zwiebelkuchen, Quiche oder Flammkuchen geht, dann spielen für den Belag nicht nur Zwiebeln eine Rolle. Damit das Ergebnis schön saftig ist, braucht es eine Creme, die in der Regel aus Schmand, Sauerrahm oder Crème fraîche hergestellt wird. Doch wo genau liegen eigentlich die Unterschiede zwischen diesen drei Milchprodukten, und können sie bedenkenlos gegeneinander ausgetauscht werden?

Schmand, Sauerrahm und Crème fraîche unterscheiden sich in erster Linie in ihrem Fettgehalt. Dieser Fettgehalt hat nicht nur einen entscheidenden Einfluss auf den Geschmack des jeweiligen Produktes, sondern auch auf die Konsistenz. Alle drei Produkte werden aus Sahne hergestellt, denen zusätzlich Milchsäurebakterien zugefügt werden. Hierdurch ergibt sich der leicht säuerliche Geschmack, der so hervorragend zu Zwiebeln passt. Sauerrahm ist in Deutschland nichts anderes als die wohlbekannte saure Sahne, die mit einer cremigen Konsistenz überzeugt. Schmand und Crème fraîche sind dagegen stichfest und besitzen einen höheren Fettgehalt. Bei der Crème fraîche muss dieser bei mindestens 30% liegen. Wer eine kalorienreduzierte Zwiebelkuchen-Variante plant, sollte selbigen am besten mit saurer Sahne zubereiten. Ansonsten darf wie immer der eigene Geschmack entscheiden. Traditionell wird aber für Zwiebelkuchen und Quiches am ehesten Sauerrahm verwendet, während bei einem Flammkuchen meist Schmand oder Crème fraîche zum Einsatz kommen.

Individueller Genuss – Zutaten nach eigenem Gusto

Quiches und Zwiebelkuchen eignen sich hervorragend für kreative Eigenkompositionen, denn erlaubt ist, was den eigenen Geschmacksknospen gefällt. Ob saisonales Gemüse wie grüner Spargel, Blumenkohl, frische Pilze oder sogar Rosenkohl – sie alle können einem herzhaften Kuchen den richtigen Pfiff verleihen. Auch frische Kräuter wie Rosmarin, Schnittlauch, Petersilie oder Koriander verwandeln klassische Rezepte in ein kulinarisches Highlight. Und wenn es einmal schnell gehen muss, tun es auch die Erbsen oder Champignons aus der Dose.

Für die perfekte Konsistenz – zusätzliche Feuchtigkeit begrenzen

Wer einen herzhaften Kuchen mit seinen persönlichen Lieblingszutaten kreieren möchte, sollte darauf achten, dass diese nicht zu viel zusätzliche Feuchtigkeit mit sich bringen. Frische Pilze sollten deshalb unter Umständen kurz angeschwitzt, Tomaten lieber entkernt werden. Andernfalls wird der Belag einer Quiche trotz Ei gegebenenfalls nicht fest und auch der Teig kann bei einem zu feuchten Belag in Mitleidenschaft gezogen werden.

Deftige Kuchen mit Fleisch- oder Fischeinlage sind ebenfalls besonders beliebt. Während Speck ein absoluter Klassiker unter den Belägen ist, sorgen auch eine Lauchtorte mit Hackfleisch oder ein Flammkuchen mit Salami dafür, dass Fleischliebhabern das Wasser im Munde zusammenläuft. Und weil auf Zwiebelkuchen, Quiche und Co. praktisch alles Platz findet, was gut schmeckt, dürfen als Alternativen auch gern das vegetarische Würstchen oder ein kräftiger Räuchertofu verwendet werden.

Vegetarische Zwiebel-kuchen

LAUCH-QUICHE MIT GRUYÈRE

Zutaten für 16 Stücke

250 g Mehl, Salz, 125 g Butter, 4 Eier, 1 Beutel Zwiebelsuppe (z. B. von Knorr), 600 g Lauch, 1 EL Öl (z. B. von Mazola), 80 g Gruyère, Fett für die Form, frisch gemahlener Pfeffer, 200 g Sahne, etwas frisch geriebener Muskat

Zubereitungszeit *ca. 1 Std. + ca. 30 Min. Kühlzeit*

Backzeit *ca. 1 Std.*

1. Mehl mit ¼ Teelöffel Salz mischen. Butter in Stücken zugeben. 1 Ei und 3 Esslöffel kaltes Wasser zugeben und alles zu einem glatten Teig verkneten. Zu einer Kugel formen, in Frischhaltefolie wickeln und ca. 30 Minuten kalt stellen.

2. Zwiebelsuppe in 125 Milliliter kaltes Wasser einrühren, unter Rühren erhitzen, bis die Geschmacksperlen aufgelöst sind. Lauch putzen und in ca. 1 Zentimeter breite Ringe schneiden. Lauch im heißen Öl bei mittlerer Hitze dünsten. Käse reiben.

3. Backofen auf 175 °C (Umluft: 155 °C) vorheizen. Teig auf einer bemehlten Arbeitsfläche zu einem Kreis ausrollen (ca. 32 Zentimeter Durchmesser). Eine gefettete Quiche- oder Springform (28 Zentimeter Durchmesser) mit dem Teig auslegen, dabei den Rand gut andrücken. Teigboden mit einer Gabel mehrfach einstechen.

4. Lauch und Käse mischen, mit Pfeffer würzen und auf dem Teigboden verteilen. Zwiebelcreme mit den restlichen Eiern und Sahne verrühren. Mit Muskat, Salz und Pfeffer würzen. Über die Füllung gleichmäßig verteilen. Quiche im vorgeheizten Backofen ca. 1 Stunde backen.

ROTE-BETE-TARTE MIT ZWIEBELN

Zutaten für 4 Portionen

200 g Mehl, 80 g Butter, 1 Ei,
5 EL Milch, Salz, 2 Stängel Thymian,
800 g Rote Bete, Olivenöl, 2 EL Zucker,
1 EL Balsamico, 2 EL Rotwein,
4 Zwiebeln, 1 EL Butter, 70 g Walnüsse

Zubereitungszeit *ca. 45 Min. + ca. 1 Std. Kühlzeit*
Backzeit *ca. 30 Min.*

1. Mehl, Butter, Ei, Milch und ½ Teelöffel Salz zu einem Teig verkneten. Teig in Folie gewickelt ca. 1 Stunde in den Kühlschrank legen.

2. Thymian waschen, trocken schütteln und die Blättchen von den Stängeln zupfen. Einige Blättchen für die Dekoration beiseitelegen. Rote Bete schälen und in dünne Scheiben schneiden. In etwas Öl in einer Pfanne anbraten und unter Rühren weich dünsten. Zucker zugeben und Rote Bete leicht karamellisieren lassen. Mit Balsamico und Rotwein ablöschen und weiterdünsten. Thymian unterrühren.

3. Backofen auf 200 °C (Umluft: 180 °C) vorheizen. Zwiebeln schälen und in dünne Ringe schneiden. In Butter langsam anbraten, bis sie goldbraun werden. Walnüsse unterrühren.

4. Teig ausrollen und in eine Tarteform legen. Zwiebeln und Rote Bete gleichmäßig auf dem Teigboden verteilen. Tarte für ca. 30 Minuten im vorgeheizten Backofen backen. Tarte etwas abkühlen lassen und mit Thymianblättchen dekoriert servieren.

TOFU-ZWIEBELKUCHEN

Zutaten für 1 runde Auflaufform

250 g Mehl und etwas Mehl für die Arbeitsfläche, 1 Pck. Backpulver, Öl und etwas Öl für die Form, Salz, frisch gemahlener Pfeffer, 2–3 Zwiebeln, 100 g Räuchertofu, 200 g Sahne, 1 Ei, 1 Handvoll geriebener Käse (z. B. Emmentaler, Gouda), Butterflocken

Zubereitungszeit *ca. 15 Min.*
Backzeit *ca. 40 Min.*

1. Backofen auf 220 °C (Umluft: 200 °C) vorheizen. Mehl in eine Rührschüssel sieben und mit Backpulver, Öl, Salz, Pfeffer und etwas Wasser mit den Knethaken des Handrührgerätes zu einem geschmeidigen Teig verrühren. Teig auf einer bemehlten Arbeitsfläche ausrollen. Eine runde Auflaufform mit Öl ausstreichen. Teig in die Form geben und den Rand etwas hochziehen.

2. Zwiebeln schälen und in feine Ringe schneiden. Räuchertofu klein würfeln. Teig mit Zwiebelringen und Tofuwürfeln belegen. Sahne mit Ei verschlagen und mit Salz und Pfeffer würzen. Über die Zwiebel-Tofu-Mischung gießen und mit geriebenem Käse und Butterflocken bestreuen. Im vorgeheizten Backofen ca. 40 Minuten backen. Tofu-Zwiebelkuchen mit Federweißem genießen.

HERZHAFTER ZWIEBELSTRUDEL

Zutaten für 4 Portionen

250 g Mehl und etwas Mehl für die Arbeitsfläche, 7 EL Öl, Salz, 6–7 Zwiebeln, 1 Knoblauchzehe, frisch gemahlener Pfeffer, 2 TL Kümmel, 1 Prise Zucker, 1 Msp. Paprikapulver, 1 Msp. Currypulver, 1 Eigelb, 200 g saure Sahne, 2 EL gehackter Schnittlauch

Zubereitungszeit *ca. 30 Min. + ca. 30 Min. Ruhezeit*
Backzeit *ca. 45 Min.*

1. Mehl in eine Rührschüssel sieben. Mit 125 Milliliter lauwarmem Wasser, 2 Esslöffeln Öl und etwas Salz zu einem glatten, geschmeidigen Teig verkneten. Teig zu einer Kugel formen, mit etwas Öl bestreichen. Abgedeckt ca. 30 Minuten ruhen lassen.

2. Zwiebeln schälen und in Ringe schneiden. Knoblauch schälen und fein hacken. 3 Esslöffel Öl in einer Pfanne erhitzen und Zwiebeln und Knoblauch darin ca. 5-8 Minuten andünsten. Mit Salz, Pfeffer, Kümmel, Zucker, Paprikapulver und Currypulver würzen. Abkühlen lassen. Teig auf einer bemehlten Arbeitsfläche zu einer Größe von ca. 40 x 25 Zentimeter ausrollen. Geschirrtuch mit Mehl bestäuben und ausgerollte Teigplatte darauflegen. Mit beiden Handrücken auf eine Größe von ca. 80 x 50 Zentimeter ziehen.

3. Backofen auf 225 °C (Umluft: 200 °C) vorheizen. Backblech mit Backpapier auslegen. Zwiebelfüllung gleichmäßig auf der Teigplatte verstreichen, dabei den Rand etwas frei lassen. Strudel mit Hilfe des Tuchs aufrollen, Seiten nach unten einschlagen und mit der Naht nach unten auf das Backpapier legen. Eigelb mit restlichem Öl verschlagen und Strudel damit bestreichen. Im vorgeheizten Backofen ca. 40–45 Minuten backen. Den herzhaften Zwiebelstrudel heiß mit saurer Sahne und gehacktem Schnittlauch servieren.

LAUCH-KARTOFFEL-QUICHE

Zutaten für 1 Quicheform (ca. 24 cm Durchmesser)

100 g kalte Butter und etwas Butter für die Form, 200 g Mehl und etwas Mehl für die Arbeitsfläche, Salz, 300 g Lauch, 400 g festkochende Kartoffeln, ½ Bund Petersilie, 200 g Crème fraîche, 80 g Naturjoghurt, 3 Eier, frisch gemahlener Pfeffer, 1 TL scharfes Paprikapulver

Zubereitungszeit *ca. 35 Min. + ca. 30 Min. Kühlzeit*
Backzeit *ca. 1 Std.*

1. Butter in kleine Stücke schneiden. Mehl in eine Schüssel sieben und mit Butterstücken, 1 Prise Salz und 50 Milliliter eiskaltem Wasser zu einem glatten Teig verkneten. Zu einer Kugel formen und in Frischhaltefolie wickeln. Ca. 30 Minuten im Kühlschrank ruhen lassen. Backofen auf 180 °C (Umluft: 160 °C) vorheizen. Quicheform mit Butter ausstreichen.

2. Teig kräftig kneten und auf einer bemehlten Arbeitsfläche ausrollen. In die Form geben und Rand etwas hochziehen. Mit einer Gabel mehrmals in den Teigboden stechen. Im vorgeheizten Backofen auf der untersten Schiene ca. 10 Minuten backen.

3. Lauch putzen, waschen und in feine Ringe schneiden. Kartoffeln in feine Stifte hobeln. Petersilie waschen, trocken schütteln und Blätter fein hacken. Lauch in kochendem Salzwasser ca. 1 Minute kochen und mit Eiswasser abschrecken. Lauch in eine Schüssel geben und mit Kartoffelstiften und Petersilie vermischen. Crème fraîche in eine weitere Schüssel geben und mit Joghurt und Eiern verrühren. Mit Salz, Pfeffer und Paprikapulver würzen.

4. Temperatur des Backofens auf 200 °C (Umluft: 180 °C) erhöhen. Lauchmischung auf dem vorgebackenen Boden gleichmäßig verteilen und Crème-fraîche-Mischung darauf verstreichen. Im vorgeheizten Backofen im unteren Drittel weitere ca. 40–50 Minuten goldbraun backen.

SCHALOTTEN-TARTE-TATIN

Zutaten für 1 Tarteform (ca. 24–26 cm Durchmesser)

150 g Mehl und etwas Mehl für die Arbeitsfläche,
Salz, 100 g kalte Butter, 1 Ei,
300 g Schalotten, 5 Zweige Thymian, 1–2 TL Zucker,
4 EL Balsamico, 100 g Schafskäse

Zubereitungszeit *ca. 25 Min. + ca. 1 Std. Kühlzeit*
Backzeit *ca. 30 Min.*

1. Mehl in eine Rührschüssel sieben und mit ½ Teelöffel Salz vermischen. 75 Gramm kalte Butter in kleine Stücke schneiden, zufügen und alles mit dem Händen krümelig kneten. Ei und eventuell 1–2 Esslöffel eiskaltes Wasser zufügen und mit den Knethaken des Handrührgerätes zu einem Teig verkneten. Teig zu einer Kugel formen, mit Frischhaltefolie abdecken und zugedeckt ca. 1 Stunde kühl stellen.

2. Backofen auf 200 °C (Umluft: 180 °C) vorheizen. Schalotten schälen und längs halbieren. Thymian waschen, trocken schütteln und Blättchen fein hacken. Restliche Butter in einer ofenfesten Pfanne schmelzen, ½ Teelöffel Salz, ¾ der Thymianblättchen, Zucker und Balsamico einrühren. Schalotten mit der Schnittfläche nach unten in die Pfanne legen und 2–3 Minuten bräunen, wenden und weitere ca. 2 Minuten auf der anderen Seite braten. Pfanne vom Herd nehmen.

3. Teig kurz verkneten und auf einer bemehlten Arbeitsfläche ausrollen. Teig in die Pfanne legen und leicht auf den Schalotten andrücken. Überstehenden Teig abschneiden und Schafskäse darüberkrümeln. Im vorgeheizten Backofen auf der mittleren Schiene ca. 30 Minuten goldbraun backen. Herausnehmen und auf eine Servierplatte stürzen. Mit restlichem Thymian garnieren und lauwarm servieren.

BÄRLAUCH-QUICHE

Zutaten für 4 Portionen

250 g Mehl und etwas Mehl für die Arbeitsfläche, 2 Eier, Salz, 125 g kalte Butter und etwas Butter für die Form, 200 g Bärlauch, 180 g Joghurt (3,5 %), 3 EL saure Sahne, 150 g Hartkäse (gerieben), frisch gemahlener Pfeffer, etwas frisch geriebener Muskat

Zubereitungszeit *ca. 1 Std. und 20 Min.*
Backzeit *ca. 30 Min.*

1. Mehl in eine Schüssel sieben, 1 Ei, Salz und ca. 80 Milliliter kaltes Wasser zufügen und Butter in Flöckchen darauf verteilen. Alles rasch zu einem glatten Teig verarbeiten.

2. Teig auf einer bemehlten Arbeitsfläche ausrollen und in eine gefettete Quicheform (28 Zentimeter Durchmesser) legen, Rand ca. 3 Zentimeter hochziehen. Boden mit einer Gabel mehrmals anstechen. Ca. 30 Minuten kalt stellen.

3. Backofen auf 200 °C (Umluft: 180 °C) vorheizen. Bärlauch waschen, Stiele entfernen und Bärlauch tropfnass ca. 3 Minuten erhitzen. Über einem Sieb abgießen und gut abtropfen lassen. Grob hacken.

4. Restliches Ei, Joghurt, saure Sahne, Käse und Bärlauch vermischen und mit Salz, Pfeffer und Muskat würzen. Masse auf dem Teigboden verteilen und Bärlauch-Quiche im vorgeheizten Backofen auf der untersten Schiene ca. 30 Minuten backen.

Welche Backformen eignen sich?

Für Zwiebelkuchen, Quiche und Co. gibt es passende Backformen, die in den unterschiedlichsten Varianten zu haben sind. In einer gut ausgestatteten Küche sollte man eine kleine Auswahl an Backformen parat haben. So steht einer herrlichen Quiche oder einem knusprigen Flammkuchen nichts mehr im Weg.

Die klassische **Quicheform** gibt es entweder als Porzellan-Version oder aus Metall. Besonders praktisch: eine Quicheform mit Hebeboden. So lässt sich die Quiche unkompliziert aus der Form heben. Quicheformen können bis zu 3 Zentimeter hoch sein, der Durchmesser variiert dabei zwischen 24 und 32 Zentimeter.

Die **Tarteform** unterscheidet sich eigentlich kaum von der Quicheform. Auch sie gibt es in den unterschiedlichsten Größen und Materialien. Der einzige Unterschied zur Quiche ist ihre geringere Höhe. So sind Tarteformen meist nicht höher als 2 Zentimeter und eignen sich deshalb sehr gut für besonders flache Tartes und Quiches.

Flammkuchen, Pizza, Foccacia und Co. bäckt man klassischerweise auf dem **Backblech**. Die meisten Backöfen besitzen eine Standardausrüstung, bestehend aus einem Backblech und einem Grillrost. Wer sich noch zusätzliche Bleche besorgen möchte, sollte auf die passenden Maße achten. Ausziehbare Backbleche passen sich der Größe des Ofens an, jedoch sollte darin nichts Flüssiges gebacken werden, da das flüssige Backgut durch die Lücke im Blech austreten kann.

Um Mini-Quiches und kleine Tartes herzustellen, eignen sich sehr gut kleine **Tartelette-Formen** oder **Tortelette-Formen**, die es entweder mit oder ohne Hebeboden gibt. Sie sind meist aus Metall oder Keramik, können aber auch aus Silikon sein.

Springformen eignen sich nicht nur gut für Zwiebelkuchen und Quiches, sondern werden meist zum Kuchenbacken verwendet. Ein blecherner, verstellbarer Ring umschließt hier den Boden und bildet die Seitenwand der Backform. Der Unterschied zur Quicheform ist ganz klar ihre Höhe, weshalb die Springform die erste Wahl bei hohen und großen Zwiebelkuchen und Quiches ist.

FRÜHLINGSZWIEBEL-KUCHEN

Zutaten für 4 Portionen

500 g Frühlingszwiebeln, 2 EL Öl,
1 Beutel Feinschmecker-Zwiebelsuppe (z. B. von Knorr),
1 Beutel Pizzateig (z. B. von Mondamin),
etwas Butter für die Form, 2 Eier,
200 g Sahne, Salz, frisch gemahlener Pfeffer,
100 g geriebener Käse

Zubereitungszeit *ca. 20 Min.*
Backzeit *ca. 50 Min.*

1. Frühlingszwiebeln waschen, putzen und in Ringe schneiden. Öl in einem Topf erhitzen und Frühlingszwiebeln kurz dünsten. Vom Herd nehmen und Beutelinhalt Feinschmecker-Zwiebelsuppe unterrühren.

2. Backofen auf 175 °C (Umluft: 150 °C) vorheizen. Beutelinhalt Pizzateig mit 125 Milliliter lauwarmem Wasser verkneten und ca. ½ Zentimeter dick ausrollen. Springform (Durchmesser 26 Zentimeter) mit Butter ausstreichen und mit Teig auslegen. Der Rand sollte ca. 2 Zentimeter hoch sein. Zwiebelmasse darauf verteilen.

3. Eier und Sahne verrühren, mit Salz und Pfeffer würzen und darübergießen. Oberfläche mit geriebenem Käse bestreuen und Frühlingszwiebelkuchen im vorgeheizten Backofen ca. 45–50 Minuten backen.

Tipp Dazu passt ein frischer Blattsalat. Wer mag, dünstet zusätzlich 30 Gramm Speckwürfel mit den Frühlingszwiebeln an.

FRÜHLINGSZWIEBEL-BRENNNESSEL-QUICHE

Zutaten für 1 Quicheform (ca. 26 cm Durchmesser)

300 g Mehl und etwas Mehl für die Arbeitsfläche, 60 g Speisestärke, Salz, 200 g Butter und etwas Butter für die Form, 6 Eier, 80–100 g Brennnesselspitzen, 2–3 Frühlingszwiebeln, 1 grüne Chilischote, 250 g Crème fraîche, 120 g geriebener Parmesan, abgeriebene Schale von 1 unbehandelten Zitrone, frisch gemahlener Pfeffer

Zubereitungszeit *ca. 45 Min. + ca. 30 Min. Kühlzeit*
Backzeit *ca. 50 Min.*

1. Mehl in eine Rührschüssel sieben. Mit 50 Gramm Speisestärke und ½ Teelöffel Salz vermischen. Butter in kleine Stücke schneiden. Butterstücke und 1 Ei zufügen. Mit den Knethaken des Handrührgerätes alles zu einem glatten Teig verkneten. Mit Frischhaltefolie abdecken und ca. 30 Minuten im Kühlschrank ruhen lassen.

2. Brennnesselspitzen waschen und trocken tupfen. Blätter grob hacken. Frühlingszwiebeln putzen, waschen und in dünne Röllchen schneiden. Chilischote waschen, halbieren, die Kerne herausschneiden und in feine Streifen schneiden. Restliche Eier mit Crème fraîche, restlicher Speisestärke, Parmesan, abgeriebener Zitronenschale und Chilischote vermischen. Mit Salz und Pfeffer würzen. Backofen auf 190 °C (Umluft: 170 °C) vorheizen. Quicheform mit Butter ausstreichen.

3. Teig auf einer bemehlten Arbeitsfläche ausrollen und in die Form geben, Rand etwas hochziehen. Im vorgeheizten Backofen ca. 15 Minuten backen. Kurz abkühlen lassen. Brennnesseln und Frühlingszwiebeln mit Eiercreme mischen und gleichmäßig auf dem Teigboden verstreichen. Brennnessel-Zwiebel-Quiche im vorgeheizten Backofen ca. 35 Minuten goldbraun backen.

GALETTE MIT KÜRBIS, LAUCH UND FETA

Zutaten für 6–8 Portionen

240 g Mehl und etwas Mehl für die Form, Salz,
1 EL Zucker, 12 EL kalte Butter und etwas Butter für die Form,
1 Kürbis, 2 Stangen Lauch, 1 Knoblauchzehe,
1 Zweig Rosmarin, 3 EL Olivenöl, frisch gemahlener Pfeffer,
1 Eigelb, 100 g Feta

Zubereitungszeit *ca. 45 Min. + ca. 30 Min. Kühlzeit*
Backzeit *ca. 40 Min.*

1. Mehl in eine Rührschüssel sieben und mit ½ Teelöffel Salz und Zucker mischen. 12 Esslöffel kalte Butter zufügen und mit ca. 7 Esslöffeln eiskaltem Wasser rasch zu einem Teig verkneten. Mit Frischhaltefolie abdecken und ca. 30 Min. kühl stellen.

2. Kürbis putzen, entkernen und in kleine Würfel schneiden. Lauch putzen, waschen und in Ringe schneiden. Knoblauch schälen und fein hacken. Rosmarin waschen, trocken schütteln, Nadeln abstreifen und fein hacken. 2 Esslöffel Olivenöl in einer Pfanne erhitzen und Kürbis darin anrösten. Lauch zufügen und kurz mitrösten. Rosmarin unterrühren. Mit Salz und Pfeffer abschmecken. Feta in Würfel schneiden.

3. Backofen auf 190 °C (Umluft: 170 °C) vorheizen. Backform mit Butter ausstreichen. Teig kurz verkneten und auf einer bemehlten Arbeitsfläche zu einem Kreis mit ca. 30–35 Zentimeter Durchmesser und ca. 3–5 Millimeter Dicke ausrollen. Kürbis-Lauch-Mischung und Feta darauf verteilen. Einen Rand von ca. 5 Zentimeter frei lassen, diesen darüberklappen und mit Eigelb bestreichen. Gemüse mit restlichem Olivenöl beträufeln. Galette mit Kürbis, Lauch und Feta im vorgeheizten Backofen ca. 35–40 Minuten auf der mittleren Schiene goldbraun backen.

BLUMENKOHL-TARTE MIT ZWIEBELN

Zutaten für 4 Portionen

250 g Mehl, Salz, 125 g kalte Butterflöckchen, 1 Eigelb, 500 g Blumenkohlröschen, Öl, 2 große Zwiebeln, etwas brauner Zucker, etwas Balsamico, 2 Zweige Thymian, 200 g Schmand oder Crème fraîche, 100 g Sahne, 2 große Eier, frisch gemahlener Pfeffer, etwas frisch geriebener Muskat, 100 g geriebener Gouda, 1 EL Honigsenf

Zubereitungszeit *ca. 1 Std. + ca. 30 Min. Kühlzeit*
Backzeit *ca. 40 Min.*

1. Mehl in eine Schüssel sieben. ½ Teelöffel Salz, Butterflöckchen, Eigelb und 2 Esslöffel kaltes Wasser zugeben und alles zu einer glatten Masse verkneten. Teig zu einer Kugel formen, in Klarsichtfolie wickeln und ca. 30 Minuten im Kühlschrank ruhen lassen.

2. Blumenkohlröschen putzen, waschen, in dünne Scheiben schneiden und auf einem Backblech verteilen. Mit 1 Esslöffel Öl beträufeln und ca. 15 Minuten gar braten. Herausnehmen und abkühlen lassen.

3. Zwiebeln schälen, halbieren und in Streifen schneiden. Öl in einer Pfanne erhitzen und Zwiebeln darin goldbraun anbraten. Mit braunem Zucker bestreuen, karamellisieren lassen und mit Balsamico ablöschen. Abkühlen lassen. Backofen auf 220 °C (Umluft: 200 °C) vorheizen. Thymian waschen, trocken schütteln und Blättchen fein hacken. Schmand, Sahne und Eier verschlagen, mit Salz, Pfeffer und Muskat würzen. Käse und Thymian unterrühren.

4. Teig auf einer bemehlten Arbeitsfläche ausrollen und in eine gefettete Backform legen. Rand hochziehen und festdrücken. Boden mehrmals einstechen. Tarteboden mit Senf bestreichen, Blumenkohl und Zwiebeln darauf verteilen und Schmand darübergießen. Quiche im vorgeheizten Backofen ca. 40 Minuten backen.

ZWIEBEL-FOCACCIA

Zutaten für 4 Portionen

350 g Mehl und etwas Mehl für die Arbeitsfläche , 6 TL Trockenhefe, Salz, 1 TL Zucker, 8 EL Öl, 400 g Zwiebeln, 2 Zweige Rosmarin, 1 TL feines Meersalz

Zubereitungszeit *ca. 30 Min. + ca. 3 Std. Ruhezeit*
Backzeit *ca. 20 Min.*

1. Mehl in eine Rührschüssel sieben und mit Hefe, 200 Milliliter lauwarmem Wasser, 1 Teelöffel Salz, Zucker und 2 Esslöffeln Öl zu einem geschmeidigen Teig verkneten. Teig zu einer Kugel formen und abgedeckt an einem warmen Ort ca. 15 Minuten gehen lassen.

2. Zwiebeln schälen und in feine Ringe schneiden. 2 Esslöffel Olivenöl in einer Pfanne erhitzen und Zwiebelringe darin ca. 2 Minuten scharf anbraten (nicht bräunen lassen!). Hitze reduzieren und zugedeckt ca. 5 Minuten schmoren lassen. Vom Herd nehmen und auskühlen lassen.

3. Backblech mit 1 Esslöffel Olivenöl bestreichen. Teig auf das Backblech geben und mit eingeölten Händen auf Backblechgröße vorsichtig ausziehen (Nicht zu sehr ziehen, besser drücken und klopfen!). Teig herumdrehen und mit 1 Esslöffel Olivenöl einstreichen. Backblech in den kalten Backofen stellen (Licht anschalten!) und Teig ca. 45 Minuten gehen lassen.

4. Rosmarin waschen, trocken schütteln, Nadeln abstreifen und fein hacken. Teig gleichmäßig auf dem Backblech ausbreiten. Mit Meersalz und Rosmarin bestreuen und weitere ca. 30 Minuten im kalten Backofen gehen lassen. Restliches Olivenöl mit 25 Milliliter warmem Wasser verrühren. Backblech herausnehmen und Teig mit Öl-Wasser-Mischung bestreichen. Für die typischen Focaccia-Löcher mit den Fingerspitzen auf den Teig klopfen. Zwiebelmasse auf dem Teig verteilen. Teig im kalten Backofen weitere ca. 1 ½ Stunden ruhen lassen. Backofen auf 240 °C (Umluft: 220 °C) vorheizen. Zwiebel-Focaccia im vorgeheizten Backofen auf der untersten Schiene ca. 20 Minuten backen.

FLAMMKUCHEN MIT LAUCH UND KÄSE

Zutaten für 4 Portionen

¼ Würfel Hefe, ½ TL Zucker, 250 g Mehl und etwas Mehl für die Arbeitsfläche, ½ TL Salz, 30 ml Olivenöl, 1 Stange Lauch, 200 g Crème fraîche, 200 g Ziegenfrischkäse, 50 g Pinienkerne, 100 g geriebener Käse, frisch gemahlener Pfeffer

Zubereitungszeit *ca. 30 Min. + ca. 50 Min. Ruhezeit*
Backzeit *ca. 10 Min.*

1. Hefe und Zucker in 125 Milliliter lauwarmem Wasser auflösen. Mehl in eine Rührschüssel sieben und in die Mitte eine Mulde drücken. Hefewasser hineingießen und mit etwas Mehl verrühren. Abgedeckt an einem warmen Ort ca. 20 Minuten gehen lassen. Salz und Olivenöl zufügen und mit den Knethaken des Handrührgerätes zu einem glatten, geschmeidigen Teig verkneten. Teig zugedeckt an einem warmen Ort weitere ca. 30 Minuten gehen lassen.

2. Backofen auf 220 °C (Umluft: 200 °C) vorheizen. Backblech mit Backpapier auslegen. Lauch putzen, waschen und in Ringe schneiden. Teig kurz kneten und vierteln. Auf einer bemehlten Arbeitsfläche dünn ausrollen. Jedes Viertel mit Crème fraîche bestreichen und mit Lauchringen belegen. Ziegenfrischkäse und Pinienkerne darauf verteilen. Geriebenen Käse darüberstreuen.

3. Flammkuchen mit Lauch und Ziegenkäse im vorgeheizten Backofen ca. 8–10 Minuten backen. Mit Pfeffer bestreut servieren.

KNOBLAUCH-TARTE MIT ZIEGENKÄSE

Zutaten für 1 Tarteform

125 g kalte Butter und etwas Butter für die Form, 3 Eier, 250 g Mehl und etwas Mehl für die Form, Salz. 250 g getrocknete Hülsenfrüchte zum Blindbacken, 2–3 Knoblauchknollen, 1 EL Olivenöl, 3 EL Balsamico, 1 TL Zucker, 2 TL gehackter Thymian, frisch gemahlener Pfeffer, 120 g Ziegenweichkäse, 120 g Ziegenhartkäse, 200 g Crème fraîche

Zubereitungszeit *ca. 45 Min. + ca. 2 Std. und 15 Min. Kühlzeit*
Backzeit *ca. 1 Std.*

1. Butter in Stücke schneiden. 1 Ei trennen. Eiweiß in den Kühlschrank stellen und anderweitig verwenden. Mehl sieben und mit Butterstücken, Eigelb, 1 Prise Salz und 50 Milliliter eiskaltem Wasser mit den Knethaken des Handrührgerätes zügig zu einem glatten Teig verarbeiten. Teig zu einer Kugel formen und in Klarsichtfolie wickeln. Ca. 2 Stunden kalt stellen. Ca. 15 Minuten vor dem Ausrollen aus dem Kühlschrank nehmen. Tarteform mit Butter ausstreichen.

2. Teig auf einer bemehlten Arbeitsfläche ausrollen und in die Form legen. Mit einer Gabel den Teigboden mehrmals einstechen. Weitere ca. 30 Minuten kalt stellen. Backofen auf 180 °C (Umluft: 160 °C) vorheizen. Backpapier auf den Teigboden legen und mit Hülsenfrüchten füllen. Teig ca. 15 Minuten blindbacken. Backpapier und Hülsenfrüchte entfernen und Teig weitere ca. 5 Minuten backen. Abkühlen lassen.

3. Knoblauch schälen. In einen Topf geben und mit Wasser bedeckt zum Kochen bringen. Ca. 3 Minuten köcheln lassen und abtropfen lassen. Olivenöl erhitzen und Knoblauch darin ca. 2 Minuten anbraten. Mit Balsamico und 220 Milliliter Wasser ablöschen. Ca. 10 Minuten bei mittlerer Hitze köcheln lassen. Mit Zucker, Thymian, 2 Prisen Salz und Pfeffer abschmecken und weitere ca. 10 Minuten köcheln lassen. Käse würfeln und den Tarteboden damit bestreuen. Knoblauch darüber verteilen. Restliche Eier mit Crème fraîche verschlagen. Mit Salz und Pfeffer würzen. Über die Tarte gießen und im vorgeheizten Backofen ca. 30–40 Minuten backen.

Mit Fleisch und Wurst

PIKANTER ZWIEBEL-KUCHEN MIT SPECK

Zutaten für 6 Portionen

270 g Mehl und etwas Mehl für die Arbeitsfläche, 80 g Butter und etwas Butter für die Form, Salz, 4 Eier, 4 Stängel Thymian, 1 kg Zwiebeln, 200 g Speckwürfel, 50 g Schmalz, 100 g Quark, 250 g Sahne, frisch gemahlener Pfeffer

Zubereitungszeit *ca. 30 Min.*
Backzeit *ca. 35 Min.*

1. 170 Gramm Mehl, weiche Butter, 1 Prise Salz, 1 Ei und 2 Esslöffel Wasser zu einem Teig verkneten. Thymian waschen, trocken schütteln und Blättchen von den Stängeln zupfen. Backofen auf 200 °C (Umluft: 180 °C) vorheizen.

2. Zwiebeln schälen und in Scheiben schneiden. Zwiebeln mit Speck im Schmalz anbraten. Quark, restliche Eier und Sahne kräftig verrühren. Restliches Mehl, Zwiebeln, Speck und Thymian daruntermischen und die Masse mit Salz und Pfeffer würzen.

3. Teig ausrollen und so in eine gefettete Form geben, dass ein Rand entsteht. Teigboden mehrmals mit einer Gabel einstechen. Füllung gleichmäßig auf dem Teig verteilen. Zwiebelkuchen im vorgeheizten Backofen ca. 35 Minuten backen.

LAUCHTORTE MIT HACKFLEISCH

Zutaten für 2 Portionen

250 g Mehl und etwas Mehl für die Arbeitsfläche, Salz, 125 g Butterflöckchen und etwas Butter für die Form, 1 Eigelb, 400 g Lauch, etwas Öl, 200 g gemischtes Hackfleisch, frisch gemahlener Pfeffer, 200 g Sahne, 3 Eier, 200 g geriebener Käse (z. B. Appenzeller, Greyerzer), etwas frisch geriebener Muskat

Zubereitungszeit *ca. 30 Min. + ca. 30 Min. Kühlzeit*
Backzeit *ca. 50 Min.*

1. Mehl in eine Schüssel sieben. ½ Teelöffel Salz, Butterflöckchen, Eigelb und 2 Esslöffel kaltes Wasser zugeben und alles zu einer glatten Masse verkneten. Teig zu einer Kugel formen, in Klarsichtfolie wickeln und ca. 30 Minuten im Kühlschrank ruhen lassen.

2. Lauch putzen, der Länge nach halbieren, gründlich waschen und in dünne Scheiben schneiden. Salzwasser in einem Topf erhitzen und Lauch darin ca. 3 Minuten blanchieren, herausnehmen und abkühlen lassen.

3. Öl in einer Pfanne erhitzen, Hackfleisch darin anbraten, mit Salz und Pfeffer würzen. Abkühlen lassen. Backofen auf 200 °C (Umluft: 180 °C) vorheizen. Sahne und Eier verschlagen, Käse unterheben, mit Salz, Pfeffer und Muskat würzen.

4. Teig auf einer bemehlten Arbeitsfläche ausrollen und in eine gefettete Backform legen. Rand hochziehen und gut festdrücken. Boden mehrmals einstechen. Abwechselnd Lauch und Hackfleisch einschichten, mit Lauch abschließen. Sahne-Käse-Soße darübergießen.

5. Lauchtorte im vorgeheizten Backofen ca. 40–50 Minuten backen. Vor dem Anschneiden ca. 10 Minuten abkühlen lassen.

FLAMMKUCHEN ELSÄSSER ART

Zutaten für 3 Portionen

1 Ei, 220 g Mehl,
3 EL Olivenöl, ½ TL Salz,
1 Beutel Zwiebelsuppe,
100 g Zwiebeln, 150 g Crème fraîche,
frisch gemahlener Pfeffer, 100 g Speckwürfel

Zubereitungszeit *ca. 35 Min. + ca. 30 Min. Ruhezeit*
Backzeit *ca. 15 Min.*

1. Ei trennen. Mehl, 2 Esslöffel Öl, Eigelb, Salz und 100 Milliliter Wasser zu einem glatten Teig verkneten. Teigkugel mit dem restlichen Öl bestreichen und in Folie gewickelt bei Zimmertemperatur ca. 30 Minuten ruhen lassen.

2. Zwiebelsuppe in 125 Milliliter kaltes Wasser einrühren und unter Rühren erhitzen. Backofen auf 220 °C (Umluft: 200 °C) vorheizen.

3. Zwiebeln schälen und in dünne Ringe schneiden. Flammkuchenteig ausrollen und auf ein mit Backpapier ausgelegtes Backblech geben.

4. Abgekühlte Zwiebelsuppe mit Crème fraîche verrühren, mit Pfeffer abschmecken und auf dem Teig verstreichen. Zwiebelringe und Speckwürfel darüber verteilen. Im vorgeheizten Backofen ca. 15 Minuten backen.

LAUCH-QUICHE MIT FLEISCHWURST

Zutaten für 4 Portionen

250 g Mehl und etwas Mehl für die Arbeitsfläche, 4 Eier, 125 g Butter und etwas Butter für die Form, Salz, frisch gemahlener Pfeffer, etwas frisch geriebener Muskat, 750 g Lauch, 250 g Fleischwurst, 175 ml Milch, Paprikapulver (edelsüß), 50 g geriebener Käse (z. B. mittelalter Gouda), Petersilie zum Garnieren

Zubereitungszeit *ca. 25 Min. + ca. 30 Min. Kühlzeit*
Backzeit *ca. 1 Std. und 5 Min.*

1. Mehl in eine Rührschüssel sieben und in die Mitte eine Mulde drücken. 1 Ei in die Mulde gleiten lassen und Butterflöckchen auf dem Rand des Mehls verteilen. Mit je 1 Prise Salz, Pfeffer und Muskat würzen. Mit den Händen zu einem glatten Teig verkneten. Teig ca. 30 Minuten im Kühlschrank ruhen lassen.

2. Backofen auf 200 °C (Umluft: 180 °C) vorheizen. Quicheform mit Butter ausstreichen. Lauch putzen, waschen und in Ringe schneiden. In einem Topf ausreichend Salzwasser zum Kochen bringen und Lauch ca. 3 Minuten köcheln lassen. Über einem Sieb abgießen und gut abtropfen lassen. Fleischwurst in kleine Würfel schneiden.

3. Teig kurz verkneten und auf einer bemehlten Arbeitsfläche zu einem Kreis (ca. 30 Zentimeter Durchmesser) ausrollen. In die Form geben und den Rand etwas hochziehen. Im vorgeheizten Backofen ca. 12–15 Minuten backen.

4. Lauch und Fleischwurst miteinander vermischen und Füllung auf dem Teig verstreichen. Restliche Eier in eine Schüssel geben und mit Milch verschlagen. Mit Salz, Pfeffer, Muskat und Paprikapulver würzen. Gleichmäßig über die Füllung gießen und mit geriebenem Käse bestreuen. Im vorgeheizten Backofen ca. 45–50 Minuten backen. Mit Petersilie bestreut servieren.

LAUCH-ZWIEBEL-KUCHEN MIT LARDO

Zutaten für 4 Portionen

½ Würfel Hefe, 250 g Mehl und etwas Mehl für die Arbeitsfläche, Salz, 7 EL Öl, 1 große Zwiebel, 1 Stange Lauch, 2 Zweige Rosmarin, ~~50 g Trockenpflaumen,~~ 3 EL Crème fraîche, frisch gemahlener Pfeffer, 80 g Lardo (italienischer Speck)

Zubereitungszeit *ca. 30 Min. + ca. 45 Min. Gehzeit*
Backzeit *ca. 20 Min.*

1. Hefe in 150 Milliliter lauwarmem Wasser auflösen. Mehl in eine Rührschüssel sieben. Hefewasser, 1 Prise Salz und 4 Esslöffel Öl zufügen und mit den Knethaken des Handrührgerätes zu einem geschmeidigen Teig verkneten. Teig abgedeckt an einem warmen Ort ca. 45 Minuten gehen lassen.

2. Backofen auf 240 °C (Umluft nicht empfehlenswert) vorheizen. Backblech mit Backpapier auslegen. Zwiebel schälen und in feine Ringe schneiden. Lauch putzen, waschen und in Ringe schneiden. Rosmarin waschen, trocken schütteln, Nadeln abstreifen und fein hacken. Restliches Öl in einer Pfanne erhitzen. Zwiebeln, Lauch und Rosmarin darin andünsten. Abkühlen lassen. ~~Pflaumen klein schneiden.~~

3. Teig kurz verkneten und auf einer bemehlten Arbeitsfläche dünn ausrollen. Teig auf das Backpapier legen und dünn mit Crème fraîche bestreichen. Mit Salz und Pfeffer würzen. Zwiebel-Lauch-Mischung und ~~Trockenpflaumen~~ gleichmäßig darauf verteilen. Im vorgeheizten Backofen auf der untersten Schiene ca. 15–20 Minuten backen.

4. Lardo in dünne Scheiben schneiden. Lauch-Zwiebelkuchen aus dem Backofen nehmen und in Stücke schneiden. Lardo darauf verteilen und sofort servieren.

xx

QUICHE LORRAINE

Zutaten für 4 Portionen

250 g Mehl, 5 Eier, 160 g Butter,
Salz, 1 Stange Lauch,
1 Zwiebel, 100 g Speckwürfel,
250 g Sahne,
frisch gemahlener Pfeffer

Zubereitungszeit *ca. 30 Min. + ca. 30 Min. Kühlzeit*
Backzeit *ca. 35 Min.*

1. Mehl, 1 Ei, kalte Butter in Stücken und 1 Prise Salz zu einem Teig verkneten. In Klarsichtfolie gewickelt ca. 30 Minuten in den Kühlschrank legen.

2. Lauch putzen und in Ringe schneiden. Zwiebel schälen und in Streifen schneiden. Speck in einer Pfanne anbraten. Lauch und Zwiebel zugeben und mit anbraten.

3. Backofen auf 180 °C (Umluft: 160 °C) vorheizen. Teig ausrollen und so in eine gefettete Quicheform geben, dass ein Rand entsteht.

4. Restliche Eier, Sahne und Pfeffer mischen. Lauch und Speckwürfel zugeben, verrühren und gleichmäßig auf dem Teig verteilen. Quiche im vorgeheizten Backofen ca. 35 Minuten backen.

UNGARISCHER FLAMM-KUCHEN MIT SALAMI

Zutaten für 4 Portionen

400 g Mehl und etwas Mehl für die Arbeitsfläche, Salz, 4 EL Öl, 2 Pck. Frischkäse (à 175 g), etwas Sahne, 2 kleine rote Zwiebeln, 1 Pck. Schinkenwürfel, 12 Scheiben Kolbász (ungarische Salami), Rosmarin zum Garnieren, frisch gemahlener Pfeffer

Zubereitungszeit *ca. 25 Min.*
Backzeit *ca. 20 Min.*

1. Backofen auf 200 °C (Umluft: 180 °C) vorheizen. Backblech mit Backpapier auslegen. Mehl in eine Rührschüssel sieben und mit etwas Salz, Öl und 250 Milliliter Wasser zu einem geschmeidigen Teig verkneten. Teig auf einer bemehlten Arbeitsfläche dünn ausrollen.

2. Frischkäse in eine Schüssel geben und mit etwas Sahne glatt rühren. Gleichmäßig auf dem Teig verstreichen. Zwiebeln schälen, fein hacken und auf dem Frischkäse verteilen. Schinkenwürfel darüberstreuen und Teig mit Kolbász-Scheiben belegen. Im vorgeheizten Backofen ca. 15–20 Minuten backen.

3. Rosmarin waschen, trocken schütteln und Nadeln abstreifen. Flammkuchen aus dem Backofen nehmen und mit Pfeffer bestreuen. Mit Rosmarin garniert servieren.

Grundzutaten

Viele Rezepte für Quiche, Zwiebelkuchen und Co. kommen mit nur wenigen Zutaten aus. Einige Zutaten sind jedoch unabdingbar und nötig für ein gut gelingendes Gericht. Hier werden Ihnen die wichtigsten Grundzutaten vorgestellt.

Sahne macht durch ihren hohen Fettgehalt die Füllungen von Tarte und Co. besonders schmackhaft, aber auch sehr mächtig. Alternativ können Sie auch Crème fraîche, saure Sahne oder Schmand verwenden.

Der krönende Abschluss auf Quiche, Tarte, Zwiebelkuchen und Pizza ist auf jeden Fall der **Käse**. Wählen Sie Käse in guter Qualität, am besten am Stück, und reiben Sie ihn frisch. Besonders geeignete Sorten sind Emmentaler, Gouda, Gruyère oder Bergkäse.

Butter in guter Qualität ist ausschlaggebend für einen leckeren Mürbeteig, der oft die Grundlage von feinen Quiches, Tartes oder Zwiebelkuchen ist. Achten Sie darauf, dass die Butter gut gekühlt direkt in den Teig kommt, da Mürbeteig nicht zu warm werden darf.

Eier kommen manchmal in den Teig für Quiche und Co., meistens sind sie jedoch in der Füllung zu finden. Sie geben der Füllung Festigkeit und machen sie gleichzeitig saftig. Ist die Größe der Eier im Rezept nicht angegeben, können Sie davon ausgehen, dass die Größe M gemeint ist.

RÖSTZWIEBEL-KUCHEN

Zutaten für 1 Blech

½ Bund Petersilie, 250 g Mehl und etwas Mehl für die Arbeitsfläche, 7 g Trockenhefe, Salz, 180 g Butter, 200 g saure Sahne, 150 g Schinken, 400 g Crème fraîche, 4 Eier, frisch gemahlener Pfeffer, Paprikapulver, 100 g Röstzwiebeln, 200 g geriebener Käse

Zubereitungszeit *ca. 15 Min. + ca. 30 Min. Gehzeit*
Backzeit *ca. 30 Min.*

1. Petersilie waschen, trocken schütteln, Blättchen von den Stängeln zupfen und klein hacken. Mehl, Hefe, ½ Teelöffel Salz, Butter, saure Sahne und Petersilie zu einem Teig verkneten. Teig abgedeckt ca. 30 Minuten gehen lassen. Backofen auf 200 °C (Umluft: 180 °C) vorheizen.

2. Teig auf einer bemehlten Arbeitsfläche ausrollen und auf ein mit Backpapier ausgelegtes Backblech legen. Schinken in Würfel schneiden und auf dem Teig verteilen. Crème fraîche und Eier verrühren, mit Salz, Pfeffer und Paprikapulver würzen und über den Schinken gießen. Röstzwiebeln gleichmäßig auf dem Kuchen verteilen und mit Käse bestreuen.

3. Röstzwiebelkuchen im vorgeheizten Backofen ca. 25–30 Minuten backen.

ZWIEBELKUCHEN MIT STEINPILZEN

Zutaten für 1 Blech

330 g Mehl, Salz, 4 Eier, 125 g Butter, 1 EL Essig, 25 g Steinpilze (getrocknet), 300 g Frühlingszwiebeln, 500 g Kirschtomaten, 100 g Speck, 125 g Sahne, frisch gemahlener Pfeffer, 1 EL Petersilie, 150 g geriebener Käse

Zubereitungszeit *ca. 45 Min. + ca. 30 Min. Kühlzeit*
Backzeit *ca. 35 Min.*

1. Mehl, ½ Teelöffel Salz, 1 Ei, Butter und Essig zu einem glatten Teig verkneten. Ca. 30 Minuten kalt stellen.

2. Steinpilze in kaltem Wasser ca. 15 Minuten einweichen und kurz aufkochen lassen. Ca. 10 Minuten im warmen Wasser stehen lassen. Wasser abgießen, Pilze mit klarem Wasser kurz abspülen. Pilz trocken tupfen und klein schneiden. Frühlingszwiebeln putzen, waschen und in Ringe schneiden. Tomaten waschen, vom Stielansatz befreien und in Viertel schneiden. Speck in Streifen schneiden.

3. Backofen auf 200 °C (Umluft: 180 °C) vorheizen. Restliche Eier, Sahne und 3 Esslöffel Wasser verschlagen. Mit Salz, Pfeffer und Petersilie würzen.

4. Teig auf ein mit Backpapier ausgelegtes Backblech legen. Mit einer Gabel mehrmals einstechen. Teig ca. 15 Minuten vorbacken. Gemüse, Pilze, Speck und Eier-Mischung auf den Teig geben und ca. 10 Minuten backen. Mit Käse bestreuen und ca. 10 Minuten fertig backen.

ZWIEBELKUCHEN „SCHWÄBISCHE ART“

Zutaten für 4 Portionen

1 Beutel Pizzateig (250 g), 750 g Gemüsezwiebeln, 1 EL Keimöl, 100 g gewürfelter durchwachsener Speck, Salz, frisch gemahlener Pfeffer, 1 EL Kümmel, 200 g cremiger Brotaufstrich (z. B. von Brunch), 2 Eier, 75 ml Milch, 1 EL Mehl

Zubereitungszeit *ca. 45 Min.*
Backzeit *ca. 40 Min.*

1. Beutelinhalt Pizzateig in eine Schüssel geben. 125 Milliliter lauwarmes Wasser zugießen. Mit dem Knethaken des Handrührgerätes zu einem glatten Teig verarbeiten, bis sich der Teig vom Schüsselrand löst. Teig kurz mit den Händen durchkneten. Springform fetten, zwei Drittel des Teigs ausrollen und den Boden damit auslegen, restlichen Teig zu einer Rolle formen und an den Springformrand drücken, sodass ein 2–3 Zentimeter hoher Rand entsteht. Backofen auf 180 °C (Umluft: 160 °C) vorheizen.

2. Zwiebeln schälen, halbieren und in feine Ringe schneiden. Öl und Speck in eine Pfanne geben, langsam erhitzen, Zwiebeln zugeben und ca. 10 Minuten bei mittlerer Hitze braten. Mit Salz, Pfeffer und Kümmel abschmecken.

3. Brotaufstrich, Eier, Milch und Mehl zu einer glatten Masse verrühren. Zwiebel-Speck-Mischung hinzugeben und in die vorbereitete Form füllen. Im vorgeheizten Backofen ca. 40 Minuten backen.

EINSIEDLER OFETURLI

Zutaten für 1 Spring- oder Tarteform (ca. 26 cm Durchmesser)

600 g Pellkartoffeln (vom Vortag), 70 g Butter, 5 Eier, Salz, frisch gemahlener Pfeffer, ¼ TL Majoran, 300 g Zwiebeln, 100 g durchwachsener Räucherspeck, 350 g geriebener Käse (z. B. Le Gruyère, Appenzeller, Emmentaler), 200 ml Milch, 200 g Sahne, etwas frisch geriebener Muskat

Zubereitungszeit *ca. 30 Min.*
Backzeit *ca. 50 Min.*

1. Kartoffeln schälen, grob raspeln und in eine Schüssel füllen. 50 Gramm Butter in einen Topf geben und schmelzen lassen. Mit etwas flüssiger Butter die Backform ausstreichen. Restliche flüssige Butter mit 1 Ei verschlagen und mit ½ Teelöffel Salz, Pfeffer und Majoran würzen. Locker mit den geraspelten Kartoffeln vermischen. Kartoffelmasse in die Backform geben und Boden und Rand gut andrücken. Kühl stellen.

2. Backofen auf 200 °C (Umluft: 180 °C) vorheizen. Zwiebeln schälen und in feine Ringe schneiden. Speck fein würfeln. Restliche Butter in einer Pfanne schmelzen und Zwiebeln darin ca. 10 Minuten andünsten. Speck zufügen und kurz mitdünsten. Vom Herd nehmen und beiseitestellen.

3. Restliche Eier in eine Schüssel geben und mit Milch und Sahne verschlagen. Zwiebel-Speck-Mischung und geriebenen Käse unterrühren. Kräftig mit Salz, Pfeffer und Muskat würzen. Auf dem Kartoffelteig verteilen und Einsiedler Ofeturli im vorgeheizten Backofen auf der mittleren Schiene ca. 40–50 Minuten goldbraun backen. Ca. 15 Minuten vor Ende der Backzeit Oberhitze ausschalten. Herausnehmen, kurz abkühlen lassen und in Stücke schneiden.

HÄHNCHEN-LAUCH-QUICHE

Zutaten für 1 Quicheform

250 g Mehl und etwas Mehl für die Arbeitsfläche, 125 g Butter und etwas Butter für die Form, 2 Eier, Salz, 2 Stangen Lauch, 1 Knoblauchzehe, 4 EL Öl, frisch gemahlener Pfeffer, 2 Lorbeerblätter, 300 g Hähnchenbrustfilet, 1 Schuss Weißwein, 200 g Crème fraîche, 1 EL Speisestärke, frisch gemahlener Pfeffer, Kräuter der Provence

Zubereitungszeit *ca. 40 Min.*

Backzeit *ca. 45 Min.*

1. Backofen auf 200 °C (Umluft: 180 °C) vorheizen. Mehl sieben und mit Butter, 1 Ei und ½ Teelöffel Salz zu einem glatten Mürbeteig verkneten. Ein Drittel des Teiges beiseitestellen. Restlichen Teig auf einer bemehlten Arbeitsfläche dünn ausrollen. Quicheform mit Butter ausstreichen und Teig in die Form geben. Rand etwas hochziehen. Mit einer Gabel den Boden mehrmals einstechen. Im vorgeheizten Backofen ca. 15 Minuten goldgelb backen.

2. Lauch putzen, waschen und in Ringe schneiden. Knoblauch schälen und fein hacken. 2 Esslöffel Olivenöl erhitzen und Lauch bei mittlerer Hitze goldgelb anbraten. Knoblauch und Lorbeerblätter zufügen und kurz mitbraten. Vom Herd nehmen und beiseitestellen.

3. Hähnchenbrustfilet waschen, trocken tupfen und in kleine Stücke schneiden. Restliches Öl erhitzen und Fleisch darin von allen Seiten goldbraun anbraten. Lauchgemüse zufügen und Lorbeerblätter herausnehmen. Weißwein zugießen und Crème fraîche, Speisestärke und 1 Ei unterrühren. Mit Salz und Pfeffer abschmecken.

4. Lauchmischung auf dem vorgebackenen Boden gleichmäßig verteilen. Rest des Teiges auf einer bemehlten Arbeitsfläche dünn ausrollen und in Streifen schneiden. Streifen gitterförmig auf der Füllung anordnen, leicht andrücken und mit etwas Wasser bepinseln. Mit Kräutern bestreuen. Hähnchen-Lauch-Quiche im vorgeheizten Backofen ca. 30 Minuten backen.

ZWIEBEL-SPECK-PIZZA

Zutaten für 4 Portionen

500 g Mehl und etwas Mehl für die Arbeitsfläche, 125 ml Milch, 1 Würfel Hefe, 1 TL Zucker, Salz, 2 EL Öl, 500 g Zwiebeln, 200 g Schmand oder Crème fraîche, 200 g Sahne, frisch gemahlener Pfeffer, 125 g Speckwürfel

Zubereitungszeit *ca. 45 Min. + ca. 1 Std. Gehzeit*
Backzeit *ca. 15 Min.*

1. Mehl in eine Schüssel sieben und eine kleine Mulde hineindrücken. Milch erwärmen, Hefe und Zucker darin auflösen, alles in die Mulde gießen und mit etwas Mehl vermischen. Schüssel mit einem Tuch abdecken und den Vorteig mindestens 30 Minuten an einem warmen Ort gehen lassen.

2. ½ Teelöffel Salz und Öl zum Vorteig geben und alles zu einem glatten Teig verarbeiten. Zugedeckt weitere ca. 30 Minuten an einem warmen Ort gehen lassen, bis sich der Teig fast verdoppelt hat.

3. Zwiebeln schälen, halbieren und fein hobeln. Schmand und Sahne verschlagen, mit Salz und Pfeffer würzen. Backofen auf 240 °C (Umluft: 220 °C) vorheizen.

4. Teig aus der Schüssel nehmen, auf einer bemehlten Arbeitsfläche kräftig durchkneten und in mehrere kleine Portionen teilen.

5. Teigteile auf einer bemehlten Arbeitsfläche ausrollen, Sahnemischung darauf verteilen, mit Zwiebeln und Speckwürfeln belegen. Zwiebel-Speck-Pizza im vorgeheizten Backofen ca. 10–15 Minuten goldbraun backen.

Mit Fisch und Meeres-früchten

PISSALADIÈRE MIT SARDINEN

Zutaten für 4 Portionen

350 g Mehl, ½ Würfel Hefe, Salz, 6 Esslöffel Olivenöl, 5 große Zwiebeln, 5 Stängel Thymian, frisch gemahlener Pfeffer, 20 Sardinenfilets (in Öl), 50 g Kapern (in Öl)

Zubereitungszeit *ca. 1 Std. und 15 Min. + ca. 1 Std. Gehzeit*
Backzeit *ca. 20 Min.*

1. Mehl in eine Schüssel geben. Hefe zerkrümeln und mit 180 Milliliter lauwarmem Wasser verrühren. Hefe mit 1 Prise Salz und 2 Esslöffeln Öl zum Mehl geben und alles kräftig durchkneten, bis ein glatter Teig entsteht. Teig an einem warmen Ort ca. 1 Stunde gehen lassen.

2. Zwiebeln schälen, halbieren und in Streifen schneiden. Thymian waschen, trocken schütteln und die Blättchen von den Stängeln zupfen. Zwiebeln im restlichen Öl kurz andünsten und bei schwacher Hitze unter Rühren ca. 30 Minuten garen, bis sie weich sind. Mit Thymian, Salz und Pfeffer abschmecken.

3. Backofen auf 200 °C (Umluft: 180 °C) vorheizen. Teig durchkneten und auf ein mit Backpapier ausgelegtes Backblech rollen. Rundherum einen Rand formen. Zwiebeln auf dem Teig verteilen.

4. Sardinenfilets und Kapern abtropfen lassen und beides dekorativ auf dem Zwiebelbelag anordnen. Die Pissaladière im vorgeheizten Backofen ca. 20 Minuten backen. Schmeckt warm oder lauwarm am besten.

LACHS-LAUCH-PIE

Zutaten für 4–6 Portionen

600 g Lauch, 2 EL Pflanzencreme Culinesse Rapsöl (z. B. von Rama), Salz, frisch gemahlener Pfeffer, 200 g geräucherter Lachs, 1 Beutel Pizzateig (z. B. von Mondamin), 3 Eier, 200 g Cremefine zu verwenden wie Crème fraîche (z. B. von Rama)

Zubereitungszeit *ca. 20 Min.*
Backzeit *ca. 40 Min.*

1. Lauch putzen, waschen und in feine Ringe schneiden. Pflanzencreme in einer Pfanne erhitzen und Lauch darin ca. 3 Minuten dünsten. Mit Salz und Pfeffer abschmecken. Räucherlachs in feine Streifen schneiden und unterheben.

2. Backofen auf 200 °C (Umluft: 180 °C) vorheizen. Packungsinhalt Pizzateig mit den Knethaken des Handrührgerätes in 125 Milliliter lauwarmes Wasser einrühren und zu einem glatten Teig verkneten. Mit bemehlten Händen den Teig nochmals durchkneten und eine gefettete Pieform (28 Zentimeter Durchmesser) gleichmäßig damit auslegen, dabei einen Rand hochdrücken.

3. Lachs-Lauch-Masse gleichmäßig darauf verteilen. Eier mit Cremefine verschlagen und darüber verteilen. Im vorgeheizten Backofen auf der unteren Schiene ca. 40 Minuten goldgelb backen.

FLAMMKUCHEN MIT LACHS

Zutaten für 6 Portionen

425 g Mehl und etwas Mehl für die Arbeitsfläche, 7 g Trockenhefe, Salz, 3 EL Öl, 2 Stangen Lauch, 200 g geräucherter Lachs, 1 unbehandelte Zitrone, 300 g Crème fraîche, 100 g geriebener Käse, frisch gemahlener Pfeffer, etwas frisch geriebener Muskat

Zubereitungszeit *ca. 20 Min. + ca. 30 Min. Ruhezeit*
Backzeit *ca. 15 Min.*

1. Mehl in eine Rührschüssel sieben und mit Hefe, 250 Milliliter lauwarmem Wasser, Salz und Öl zu einem Teig verkneten. Abgedeckt an einem warmen Ort ca. 30 Minuten gehen lassen.

2. Backofen auf 230 °C (Umluft: 210 °C) vorheizen. Backblech mit Backpapier auslegen. Lauch putzen, waschen und in Ringe schneiden. In ausreichend Salzwasser blanchieren, abtropfen lassen. Lachs in kleine Stücke schneiden. ½ Zitrone in Spalten schneiden, restliche Zitrone entsaften. Crème fraîche mit Käse verrühren und mit Zitronensaft, Salz, Pfeffer und Muskat abschmecken.

3. Teig kurz kneten und auf einer bemehlten Arbeitsfläche ausrollen. Auf das Backpapier legen und mit Crème-fraîche-Mischung bestreichen. Lauch und Lachs darüber verteilen. Im vorgeheizten Backofen ca. 10–15 Minuten backen. Mit Zitronenspalten servieren.

RICOTTA-QUICHE MIT NORDSEEKRABBEN

Zutaten für 1 Quicheform (ca. 26 cm Durchmesser)

150 g kalte Butter und etwas Butter für die Form, 5 Eier, 300 g Mehl und etwas Mehl für die Arbeitsfläche, Salz, 300 g getrocknete Hülsenfrüchte zum Blindbacken, 250 g Ricotta, frisch gemahlener Pfeffer, etwas frisch geriebener Muskat, 50 g geriebener Pecorino, 2 EL gehackte Kräuter (z. B. Petersilie, Bärlauch, Schnittlauch, Dill), 150 g Frühlingszwiebeln, 50 g Nordseekrabben, abgeriebene Schale von ½ unbehandelten Zitrone

Zubereitungszeit *ca. 25 Min. + ca. 1 Std. Kühlzeit*
Backzeit *ca. 50 Min.*

1. Butter in Stücke schneiden. 2 Eier trennen. Eiweiße in den Kühlschrank stellen und anderweitig verwenden. Mehl sieben und mit Butterstücken, Eigelben, Salz und 5 Esslöffeln eiskaltem Wasser mit den Knethaken des Handrührgerätes zügig zu einem glatten Teig verarbeiten. Teig zu einer Kugel formen und in Klarsichtfolie wickeln. Ca. 1 Stunde kalt stellen.

2. Backofen auf 180 °C (Umluft: 160 °C) vorheizen. Quicheform mit Butter ausstreichen. Teig kurz verkneten und auf einer bemehlten Arbeitsfläche ca. 4 Zentimeter größer als die Quicheform ausrollen. Teig in die Form legen und Ränder andrücken. Überstehenden Teig abschneiden. Mit einer Gabel den Teigboden mehrmals einstechen. Backpapier auf den Teigboden legen und mit getrockneten Hülsenfrüchten füllen.

3. Teig im vorgeheizten Backofen ca. 15 Minuten blindbacken. Backpapier und Hülsenfrüchte entfernen und Teig weitere ca. 5 Minuten backen. Abkühlen lassen. Ricotta in eine Schüssel geben und mit restlichen Eiern verrühren. Mit Salz, Pfeffer und Muskat würzen. Pecorino und 1 Esslöffel Kräuter untermischen. Frühlingszwiebeln putzen, waschen und in dünne Röllchen schneiden. Gleichmäßig auf dem Quicheboden verteilen. Mit Ricottacreme bedecken. Im vorgeheizten Backofen weitere ca. 30 Minuten backen. Herausnehmen. Nordseekrabben, restliche Kräuter und Zitronenabrieb auf der Quiche verteilen und servieren.

ZWIEBEL-TARTE MIT MUSCHELN

Zutaten für 1 Tarteform (ca. 26 cm Durchmesser)

120 g kalte Butter und etwas Butter für die Form, 150 g Mehl und etwas Mehl für die Arbeitsfläche, 6 Eier, Salz, 250 g Zucchini, 150 g rote Zwiebeln, 1 Glas Fjord-Muscheln (ca. à 200 g), 100 g geriebener Käse (z. B. Gouda), 1 Bund Petersilie, 200 ml Milch, Salz, frisch gemahlener Pfeffer

Zubereitungszeit *ca. 20 Min. + ca. 30 Min. Kühlzeit*
Backzeit *ca. 1 Std.*

1. Butter in Stücke schneiden. 2 Eier trennen. Eiweiße in den Kühlschrank stellen und anderweitig verwenden. Mehl sieben und mit Butterstücken, Eigelben, Salz und 2–3 Esslöffeln eiskaltem Wasser mit den Knethaken des Handrührgerätes zügig zu einem glatten Teig verarbeiten. Teig zu einer Kugel formen und in Klarsichtfolie wickeln. Ca. 30 Minuten kalt stellen.

2. Backofen auf 200 °C (Umluft: 180 °C) vorheizen. Zucchini putzen, waschen und in Scheiben schneiden. Zwiebeln schälen und in feine Ringe schneiden. Muscheln abtropfen lassen. Teig kurz kneten und auf einer bemehlten Arbeitsfläche ausrollen. Form mit etwas Butter ausstreichen. Teig in die Form geben, Rand hochziehen und leicht andrücken.

3. Gemüse und Muscheln auf dem Teig verteilen. Petersilie waschen, trocken schütteln und fein hacken. Etwas Petersilie zum Garnieren beiseitestellen. Milch, restliche Eier, Käse und Petersilie verrühren. Mit Salz und Pfeffer würzen. Mischung über der Tarte verteilen. Im vorgeheizten Backofen ca. 45–60 Minuten backen. Abkühlen lassen und mit Petersilie bestreuen.

Teig vorbereiten und einfrieren

Kann man Teig für Quiche und Co. einfach einfrieren? Ja, kann man! Bereiten Sie den Teig einfach in der doppelten oder sogar dreifachen Menge vor, portionieren Sie anschließend den Teig und ab ins Kühlfach. So sparen Sie sich eine Menge Zeit und haben blitzschnell Ihre Quiche, Pizza oder Ihren Flammkuchen im Ofen.

Beim Vorbereiten von **Hefeteig** sollte man immer daran denken, dass dieser noch einige Zeit gehen muss. Kneten Sie die Zutaten kräftig durch und stellen Sie den Teig anschließend für mindestens 15 Minuten abgedeckt an einen warmen Ort. Anschließend den Teig portionieren, in Klarsichtfolie wickeln und einfrieren. Zum Auftauen geben Sie den Hefeteig am besten am Vortag in den Kühlschrank. Vor der Verarbeitung dann den Teig für 1-2 Stunden aus dem Kühlschrank nehmen, sodass er noch mal etwas gehen kann.

Auch **Mürbeteig** lässt sich prima auf Vorrat herstellen. Die Zutaten kräftig verkneten und den Teig dann in die gewünschten Portionen teilen. Verarbeiten Sie den Mürbeteig gleich weiter, muss er in Frischhaltefolie gewickelt vorher noch mal in den Kühlschrank. Fürs Einfrieren werden die Teigportionen ebenfalls in Frischhaltefolie verpackt und kommen dann ins Kühlfach. Wie auch beim Hefeteig den gefrorenen Mürbeteig am Vortag vor der Verarbeitung im Kühlschrank auftauen lassen und dann direkt aus dem Kühlschrank weiterverarbeiten.

Wer sich einen Vorrat an **Flammkuchenteig** anlegen möchte, kann diesen ebenfalls einfrieren. Ist im Teig Hefe enthalten, sollte man die nötige Gehzeit beachten. Flammkuchenteige ohne Hefe kommen dagegen gleich portioniert und in Frischhaltefolie gewickelt ins Kühlfach.

PIZZA MIT ZWIEBELN UND THUNFISCH

Zutaten für 6 Portionen

½ Würfel Hefe, 1–2 EL brauner Zucker, 400 Weizenvollkornmehl und etwas Mehl für die Arbeitsfläche, 100 g Semola di Grano, Salz, 5 EL Milch, 6 EL Olivenöl, 1 Dose Pizzasoße, 100 g geriebener Mozzarella, 1 Dose Thunfisch (ca. 260 g Abtropfgewicht), 1 kleines Glas schwarze Oliven ohne Stein, 2 Zwiebeln, Rosmarin zum Garnieren

Zubereitungszeit *ca. 30 Min. + ca. 3 Std. Gehzeit*
Backzeit *ca. 20 Min.*

1. Hefe mit 1 Prise braunem Zucker in 200 Milliliter lauwarmem Wasser auflösen. Mehl in eine Rührschüssel sieben. Semola di Grano, Hefewasser, 1 Prise Salz, Milch und 5 Esslöffel Olivenöl zufügen und alles zu einem geschmeidigen Teig verkneten. Teig abgedeckt an einem warmen Ort ca. 3 Stunden gehen lassen.

2. Backofen auf 250 °C (Umluft: 230 °C) vorheizen. Backblech mit Backpapier auslegen. Teig kräftig kneten, auf einer bemehlten Arbeitsfläche ca. 0,5–0,8 Zentimeter dick ausrollen und auf das Backblech legen. Teig gleichmäßig mit Tomatensoße bestreichen und mit geriebenem Mozzarella bestreuen. Im vorgeheizten Backofen ca. 5 Minuten backen.

3. Thunfisch und Oliven über einem Sieb abtropfen lassen. Zwiebeln schälen und in Ringe schneiden. 1 Esslöffel Olivenöl in einer Pfanne erhitzen und Zwiebeln andünsten. Restlichen Zucker darüberstreuen und karamellisieren lassen. Karamellisierte Zwiebeln, Thunfisch und Oliven auf dem Pizzaboden verteilen. Im vorgeheizten Backofen ca. 10–15 Minuten backen. In Stücke schneiden und mit Rosmarin garniert servieren.

SPECK-ZWIEBELKUCHEN MIT THUNFISCH

Zutaten für 16 Stücke

300 g Mehl und etwas Mehl für die Arbeitsfläche, 1 Würfel Hefe, Zucker, Salz, 7 EL Olivenöl (z. B. von Bertolli) und etwas Öl für das Blech, 1 kg Gemüsezwiebeln, 250 g durchwachsener Speck, frisch gemahlener Pfeffer, 1 Dose Thunfisch in Öl, 1 Bund glatte Petersilie, 250 ml Milch, 125 g Sahne, 4 Eier, 100 g geriebener Emmentaler

Zubereitungszeit *ca. 45 Min. + ca. 20 Min. Gehzeit*
Backzeit *ca. 30 Min.*

1. Mehl in eine Schüssel sieben. Hefe zerbröckeln und in 125 Milliliter lauwarmem Wasser auflösen. Mit Zucker, 1½ Teelöffeln Salz und 3 Esslöffeln Öl zum Mehl geben und mit dem Knethaken des Handrührgerätes zu einem glatten Teig verarbeiten. Abgedeckt an einem warmen Ort ca. 20 Minuten gehen lassen, bis sich das Volumen verdoppelt hat. Backofen auf 200 °C (Umluft: 180 °C) vorheizen.

2. Zwiebeln schälen und in dünne Ringe schneiden. Speck fein würfeln und in einer großen Pfanne im restlichen Öl andünsten. Zwiebelringe zufügen und ca. 5 Minuten dünsten. Mit Salz und Pfeffer würzen.

3. Teig auf einer bemehlten Arbeitsfläche zu einem Rechteck von ca. 30 x 40 Zentimeter dünn ausrollen. Auf ein leicht gefettetes Backblech legen und die Zwiebel-Speck-Masse darauf verteilen. Thunfisch gut abtropfen lassen, zerpflücken und darüber verteilen. Petersilie waschen, trocken schütteln und fein hacken. Milch, Sahne, Eier und Petersilie gut verrühren. Mit Salz und Pfeffer abschmecken und gleichmäßig über den Belag gießen. Mit Käse bestreuen. Im Backofen ca. 25–30 Minuten backen.

GARNELEN-LAUCH-TARTE

Zutaten für 1 Tarteform (ca. 28 cm Durchmesser)

3 Stangen Lauch, 1 rote Paprikaschote, 2 Knoblauchzehen, 2 EL Butter und etwas Butter für die Form, 250 g küchenfertige Garnelen, ½ TL Dill, 2 TL Zitronensaft, 3 Eier, 150 g Crème fraîche, Salz, frisch gemahlener Pfeffer, 1 Pck. Blätterteig (ca. 275 g, aus dem Kühlregal)

Zubereitungszeit *ca. 40 Min.*
Backzeit *ca. 35 Min.*

1. Backofen auf 200 °C (Umluft: 180 °C) vorheizen. Lauch putzen, waschen und in Ringe schneiden. Paprika putzen, waschen und in mundgerechte Stücke schneiden. Knoblauch schälen und fein hacken. Butter in eine Pfanne geben und Lauch und Paprika kurz anbraten. Knoblauch zugeben und weitere ca. 2 Minuten mitbraten. Garnelen, Dill und Zitronensaft unterrühren.

2. Eier in eine Schüssel geben und mit Crème fraîche verschlagen. Mit Salz und Pfeffer würzen. Ei-Mischung unter den Pfanneninhalt rühren.

3. Tarteform mit Butter ausstreichen. Blätterteig ausrollen und in die Form geben, Rand hochziehen und leicht andrücken. Pfanneninhalt einfüllen und gleichmäßig verteilen. Garnelen-Lauch-Tarte im vorgeheizten Backofen ca. 35 Minuten backen.

LAUCH-QUICHE MIT THUNFISCH

Zutaten für 1 Quicheform (ca. 26–28 cm Durchmesser)

300 g Mehl und etwas Mehl für die Arbeitsfläche, Salz, 150 g Butter und etwas Butter für die Form, 1 Ei, 1 Dose Thunfisch, 4 Stangen Lauch, 1 EL ÖL, frisch gemahlener Pfeffer, etwas frisch geriebener Muskat, 1 Pck. Schafskäse

Zubereitungszeit *ca. 20 Min. + ca. 30 Min. Kühlzeit*
Backzeit *ca. 40 Min.*

1. Mehl in eine Rührschüssel sieben. 1 gestrichenen Teelöffel Salz, Butter in Flöckchen und 1 Ei zufügen und mit den Knethaken des Handrührgerätes zu einem Teig verkneten. Mit den Händen nochmals kurz durchkneten, zu einer Kugel formen und mit Frischhaltefolie abdecken. Ca. 30 Minuten im Kühlschrank ruhen lassen.

2. Backofen auf 180 °C (Umluft: 160 °C) vorheizen. Quicheform mit Butter ausstreichen. Thunfisch über einem Sieb abtropfen lassen. Lauch putzen, waschen und in Ringe schneiden. Öl in einer Pfanne erhitzen und Lauch darin kurz andünsten. Mit Salz, Pfeffer und Muskat abschmecken. Schafskäse etwas zerkrümeln. Lauch mit Thunfisch und Schafskäse vermischen.

3. Teig kurz kneten, auf einer bemehlten Arbeitsfläche ausrollen und in die Form geben, Rand hochziehen und leicht andrücken. Pfanneninhalt einfüllen und gleichmäßig verteilen. Quiche mit Lauch, Thunfisch und Schafskäse im vorgeheizten Backofen ca. 40 Minuten backen.

FORELLEN-LAUCH-QUICHE

Zutaten für 1 Quicheform

250 g Dinkelmehl und etwas Mehl für die Arbeitsfläche, 125 g Butter und etwas Butter für die Form, Salz, 200 g mild geräuchertes Forellenfilet, 125 ml Milch, 200 g Lauch, 1 EL Öl, frisch gemahlener Pfeffer, etwas frisch geriebener Muskat, 200 g Crème fraîche, 200 g saure Sahne, 3 Eier, 1 TL gehackter Dill , 200 g geriebener Käse (z. B. Emmentaler)

Zubereitungszeit *ca. 30 Min. + ca. 30 Min. Kühlzeit*
Backzeit *ca. 35 Min.*

1. Mehl in eine Rührschüssel sieben und mit Butter, 5 Esslöffeln Wasser und 1 Teelöffel Salz mit den Knethaken des Handrührgerätes zügig zu einem glatten Teig verarbeiten. Teig zu einer Kugel formen und in Klarsichtfolie wickeln. Ca. 30 Minuten kalt stellen. Forelle in Milch einlegen.

2. Backofen auf 200 °C (Umluft: 180 °C) vorheizen. Quicheform mit Butter ausstreichen. Lauch putzen, waschen und in Ringe schneiden. Öl in einer Pfanne erhitzen und Lauch darin kurz andünsten. Mit Salz, Pfeffer und Muskat abschmecken. Teig kurz kneten, auf einer bemehlten Arbeitsfläche ausrollen und in die Form geben, Rand hochziehen und leicht andrücken.

3. Fisch abtropfen lassen; Milch auffangen. Milch mit Crème fraîche, saurer Sahne und Eiern verrühren. Mit Salz, Pfeffer, Muskat und Dill würzen.

4. Etwas Käse auf den Teigboden streuen und Fisch und Lauch gleichmäßig darauf verteilen. Mit etwas Käse bestreuen. Milch-Sahne-Gemisch darübergießen und mit restlichem Käse bestreuen. Forellen-Lauch-Quiche im vorgeheizten Backofen ca. 30–35 Minuten backen. Herausnehmen, kurz abkühlen lassen und mit grünem Salat servieren.

MAKRELEN-LAUCH-QUICHE

Zutaten für 2 Quicheformen (ca. 24 cm Durchmesser)

300 g Mehl und etwas Mehl für die Arbeitsfläche, 170 g kalte Butter und etwas Butter für die Form, Salz, 5 Eier, 2 Stangen Lauch, 1 Knoblauchzehe, 400 g geräuchertes Makrelenfilet (ohne Haut), 1 Bund Dill, 250 g Sahne, 250 g Crème fraîche, frisch gemahlener Pfeffer, etwas frisch geriebener Muskat, 100 g geriebener Käse (z. B. Emmentaler)

Zubereitungszeit *ca. 45 Min. + ca. 30 Min. Kühlzeit*
Backzeit *ca. 35 Min.*

1. Mehl in eine Rührschüssel sieben. 150 Gramm Butter in kleine Stücke schneiden. Mehl mit Butter, 1 Prise Salz und 1 Ei zügig zu einem glatten Teig verarbeiten. Teig zu einer Kugel formen und in Klarsichtfolie wickeln. Ca. 30 Minuten kalt stellen.

2. Backofen auf 200 °C (Umluft: 180 °C) vorheizen. Quicheformen mit Butter ausstreichen. Lauch putzen, waschen und in Ringe schneiden. Knoblauch schälen und fein hacken. Restliche Butter in einer Pfanne schmelzen und Lauch darin kurz andünsten. Knoblauch zufügen und kurz mitdünsten. Vom Herd nehmen und beiseitestellen. Makrelenfilet zerpflücken. Dill waschen, trocken schütteln und Fähnchen fein hacken.

3. Restliche Eier in eine Schüssel geben und mit Sahne und Crème fraîche verschlagen. Mit wenig Salz, Pfeffer und Muskat würzen. Teig kurz kneten und auf einer bemehlten Arbeitsfläche ausrollen. Teig in die Quicheformen geben, Rand hochziehen und leicht andrücken. Lauch und Makrelenfilet gleichmäßig auf den Teigböden verteilen und Eier-Sahne-Mischung darübergießen. Mit Käse bestreuen und im vorgeheizten Backofen ca. 35 Minuten goldbraun backen. Mit Dill bestreuen und servieren.

Low carb und glutenfrei

GLUTENFREIE QUICHE MIT LAUCH

Zutaten für 6 Portionen

100 g kalte Butter und etwas Butter für die Form, 6 Eier, 110 g Buchweizenmehl und etwas Mehl für die Arbeitsfläche, 100 g Reismehl, 30 g Kichererbsenmehl, Salz, 1 Stange Lauch, 2 braune Champignons, 2 Frühlingszwiebeln, 1 Knoblauchzehe, 250 g saure Sahne, 100 g geriebener Parmesan, frisch gemahlener Pfeffer, 100 g geriebener Käse (z. B. Gouda, Emmentaler)

Zubereitungszeit *ca. 40 Min. + ca. 30 Min. Kühlzeit*
Backzeit *ca. 50 Min.*

1. Butter in kleine Stücke schneiden. 1 Ei trennen. Eiweiß in den Kühlschrank stellen und anderweitig verwenden. Mehle in eine Rührschüssel sieben und mit Butterstücken, 1 Eigelb, 1 Ei, ¼ Teelöffel Salz und 1–2 Esslöffeln eiskaltem Wasser mit den Knethaken des Handrührgerätes zügig zu einem glatten Teig verarbeiten. Quicheform mit Butter ausstreichen. Teig auf einer bemehlten Arbeitsfläche ausrollen. In die Form legen und ca. 30 Minuten kalt stellen.

2. Lauch putzen, waschen und in Ringe schneiden. Champignons waschen, putzen und in kleine Stücke schneiden. Frühlingszwiebeln putzen, waschen und in dünne Röllchen schneiden. Einige Frühlingszwiebelröllchen für die Garnitur beiseitelegen. Knoblauch schälen und fein hacken. Saure Sahne in eine Schüssel geben und mit restlichen Eiern und geriebenem Parmesan verrühren. Mit Salz und Pfeffer würzen.

3. Lauch, Champignons, Frühlingszwiebeln und Knoblauch gleichmäßig auf dem Teigboden verteilen. Eier-Mischung darübergießen. Geriebenen Käse darüberstreuen. Im vorgeheizten Backofen ca. 40–50 Minuten goldbraun backen. Kurz abkühlen lassen, mit restlichen Frühlingszwiebeln bestreuen und servieren.

DEFTIGER LOW-CARB-FLAMMKUCHEN

Zutaten für 1 Flammkuchen

250 g Vollkornmehl, 250 g Mandelmehl, 5 EL Olivenöl, 500 g Zwiebeln, 250 g Schinkenspeck, 250 g Crème fraîche, ½ Bund Schnittlauch

Zubereitungszeit *ca. 20 Min.*
Backzeit *ca. 15 Min.*

1. Backofen auf 250 °C (Umluft: 230 °C) vorheizen. Backblech mit Backpapier auslegen. Vollkornmehl und Mandelmehl miteinander vermischen. Olivenöl und 350 Milliliter Wasser zufügen und zu einem Teig verarbeiten.

2. Zwiebel schälen und in feine Ringe schneiden. Schinkenspeck in längliche Streifen schneiden. Teig ausrollen und auf das Backpapier legen. Mit Crème fraîche bestreichen und mit Zwiebeln und Schinkenspeck belegen.

3. Flammkuchen im vorgeheizten Backofen ca. 15 Minuten backen. Schnittlauch waschen, trocken schütteln und in Röllchen schneiden. Flammkuchen mit Schnittlauch bestreuen und servieren.

QUINOA-PIZZA MIT BALSAMICOZWIEBELN

Zutaten für 1 Portion

125 g Quinoa, Salz, Öl, 3 rote Zwiebeln, 1 TL Kokosöl, 3 EL Balsamico, 1–2 TL Honig, 2 Feigen, 50 g Ziegenkäse, 2 Scheiben Schinken, 1 EL fein gehackte Walnüsse

Zubereitungszeit *ca. 25 Min. + ca. 8 Std. Einweichzeit*
Backzeit *ca. 25 Min.*

1. Quinoa in eine Schüssel geben und mit ca. 250 Milliliter Wasser bedecken. Mindestens ca. 8 Stunden einweichen. Quinoa über einem feinen Sieb unter fließendem Wasser abspülen und gut abtropfen lassen. Backofen auf 220 °C (Umluft: 200 °C) vorheizen. Backblech mit Backpapier auslegen

2. Quinoa mit 60 Milliliter Wasser und 1 Prise Salz in einen Mixer geben und pürieren. Backpapier mit etwas Öl bestreichen. Teig nicht zu dünn darauf auslegen. Im vorgeheizten Backofen ca. 10–15 Minuten backen.

3. Zwiebeln schälen und in feine Ringe schneiden. Kokosöl in einer Pfanne erhitzen und Zwiebeln darin andünsten. Balsamico, Honig und 1 Prise Salz zufügen und alles einköcheln lassen. Zwiebel-Mischung auf dem Pizzaboden gleichmäßig verteilen. Feigen in Scheiben schneiden. Ziegenkäse in sehr kleine Würfel schneiden. Schinken in mundgerechte Stücke schneiden. Feigen, Ziegenkäse und Schinken auf den Zwiebeln verteilen. Quinoa-Pizza mit Feigen und Balsamicozwiebeln im vorgeheizten Backofen ca. 5–10 Minuten backen. Mit Walnüssen garniert servieren.

QUICHE MIT TOMATEN UND ZWIEBELN

Zutaten für 1 Springform (28 cm Durchmesser)

125 g gemahlene Mandeln, 125 g Vollkorndinkelmehl, 250 g Magerquark, 100 ml Olivenöl, 2 EL Rosmarin, Salz, 1 Glas in Öl eingelegte getrocknete Tomaten (200 g), 2 Zwiebeln, 1 Knoblauchzehe, 4 Eier, 200 g Crème fraîche, 200 g geriebener Käse, frisch gemahlener Pfeffer

Zubereitungszeit *ca. 20 Min.*

Backzeit *ca. 40 Min.*

1. Backofen auf 200 °C (Umluft: 180 °C) vorheizen. Gemahlene Mandeln, Vollkorndinkelmehl, Quark, Olivenöl, 1 Esslöffel Rosmarin und 1 Teelöffel Salz zu einem Teig verkneten. Eine Springform mit Backpapier belegen. Teig in die Springform füllen und im vorgeheizten Backofen ca. 15 Minuten backen.

2. Tomaten über einem Sieb abtropfen lassen und in kleine Würfel schneiden. Zwiebeln und Knoblauch schälen und fein hacken. Eier, Crème fraîche, Käse und restlichen Rosmarin verschlagen und mit Salz und Pfeffer würzen.

3. Zwiebeln, Knoblauch und Tomaten auf dem vorgebackenen Boden verteilen. Eier-Crème-fraîche-Käse-Mischung vorsichtig darübergießen und Quiche weitere ca. 25 Minuten backen.

GLUTENFREIE QUICHE MIT GORGONZOLA

Zutaten für 6 Portionen

100 g kalte Butter und etwas Butter für die Form, 6 Eier, 140 g Buchweizenmehl und etwas Mehl für die Arbeitsfläche, 100 g Reismehl, Salz, 1 Stange Lauch, 2 rote Zwiebeln, 250 g saure Sahne, 100 g geriebener Parmesan, frisch gemahlener Pfeffer, 1 Prise Cayennepfeffer, 100 g Gorgonzola

Zubereitungszeit *ca. 40 Min. + ca. 30 Min. Kühlzeit*
Backzeit *ca. 50 Min.*

1. Butter in kleine Stücke schneiden. 1 Ei trennen. Eiweiß in den Kühlschrank stellen und anderweitig verwenden. Mehle in eine Rührschüssel sieben und mit Butterstücken, 1 Eigelb, 1 Ei, ¼ Teelöffel Salz und 1–2 Esslöffeln eiskaltem Wasser mit den Knethaken des Handrührgerätes zügig zu einem glatten Teig verarbeiten. Quicheform mit Butter ausstreichen. Teig auf einer bemehlten Arbeitsfläche ausrollen. In die Form legen und ca. 30 Minuten kalt stellen.

2. Lauch putzen, waschen und in ca. 5 Millimeter dünne Ringe schneiden. Zwiebeln schälen, halbieren und in ca. 3 Millimeter dicke Halbringe schneiden. Saure Sahne in eine Schüssel geben und mit restlichen Eiern und geriebenem Parmesan verrühren. Mit Salz, Pfeffer und 1 Prise Cayennepfeffer würzen.

3. Lauch gleichmäßig auf dem Teigboden verteilen. Eier-Sahne darübergießen. Zwiebelringe darüber verteilen. Gorgonzola in kleine Stücke schneiden und darüberstreuen. Glutenfreie Quiche mit Zwiebeln, Lauch und Gorgonzola im vorgeheizten Backofen ca. 40–50 Minuten goldbraun backen. Etwas abkühlen lassen, in Stücke schneiden und mit Salat der Saison servieren.

VOLLKORN-GALETTE MIT LAUCH

Zutaten für 6 Portionen

150 g Vollkornmehl und etwas Mehl für die Arbeitsfläche, 1 TL Backpulver, Salz, 150 g saure Sahne, 75 g kalte Butter und etwas Butter für die Form, 70 ml Milch, 70 g geriebener Hartkäse (z. B. Gruyère), 1 Stange Lauch, 1 weiße Zwiebel, 1 rote Zwiebel, 1 Knoblauchzehe, 2 Salbeiblätter, 1 EL Kokosöl, frisch gemahlener Pfeffer, 2 Eier

Zubereitungszeit *ca. 45 Min. + ca. 20 Min. Kühlzeit*
Backzeit *ca. 30 Min.*

1. Mehl in eine Rührschüssel sieben und mit Backpulver und ¼ Teelöffel Salz vermischen. 50 Gramm saure Sahne, Butter und Milch mit dem Handrührgerät verrühren. Mehlmischung und 20 Gramm geriebenen Käse zufügen und kurz zu einem Teig verkneten. Mit etwas Mehl bestäuben, kurz kneten und mit Frischhaltefolie abgedeckt ca. 20 Minuten kühl stellen.

2. Backofen auf 200 °C (Umluft: 180 °C) vorheizen. Backform mit Butter ausstreichen. Lauch putzen, waschen und in Ringe schneiden. Zwiebeln schälen und fein hacken. Knoblauch schälen und fein hacken. Salbeiblätter waschen, trocken schütteln und fein schneiden. Kokosöl in einer Pfanne erhitzen und Lauch darin andünsten. Knoblauch und Salbei zufügen und kurz mitdünsten. Mit Salz und Pfeffer abschmecken.

3. 1 Ei in eine Schüssel geben und mit restlicher saurer Sahne verschlagen. Mit Salz und Pfeffer würzen. 1 Ei trennen. Eiweiß in den Kühlschrank stellen und anderweitig verwenden. Teig kurz verkneten und auf einer bemehlten Arbeitsfläche zu einem Kreis von ca. 30–35 Zentimeter Durchmesser und ca. 5–6 Millimeter Dicke ausrollen. Lauch-Zwiebel-Mischung darauf verteilen und restlichen Käse darüberstreuen. Einen Rand von ca. 5 Zentimeter frei lassen, diesen etwas einklappen und mit Eigelb bestreichen. Vollkorn-Galette mit Lauch und Zwiebeln im vorgeheizten Backofen ca. 25–30 Minuten goldbraun backen.

LOW-CARB-QUICHE-LORRAINE

Zutaten für 1 Quicheform

150 g Mandelmehl, 100 g Leinsamenmehl, ½ TL Guakernmehl, 2 TL Backpulver, Salz, 1 EL Essig, 125 weiche Butter und etwas Butter für die Form, 4 Eier, 200 g Schinkenspeck, 2 Zwiebeln, 2 Knoblauchzehen, 1 EL Ghee, 200 g Sahne, 200 g geriebener Käse, 1 EL fein gehackte Petersilie, frisch gemahlener Pfeffer, etwas frisch geriebener Muskat, 1 Handvoll Rauke

Zubereitungszeit *ca. 20 Min.*

Backzeit *ca. 40 Min.*

1. Backofen auf 220 °C (Umluft: 200 °C) vorheizen. Mehle in eine Rührschüssel geben und mit Backpulver und ½–1 Teelöffel Salz vermischen. Essig, Butter und 1 Ei zugeben und alles zu einem festen Teig verkneten.

2. Quicheform mit Butter ausstreichen. Teig sehr dünn in die Form drücken. Rand ca. 3 Zentimeter hochziehen. Im vorgeheizten Backofen ca. 10 Minuten backen. Schinkenspeck fein würfeln. Zwiebeln und Knoblauch schälen und fein hacken. Ghee in einer Pfanne erhitzen und Schinkenspeck, Zwiebeln und Knoblauch darin andünsten.

3. Restliche Eier in eine Schüssel geben und mit Sahne, geriebenem Käse und Petersilie verrühren. Mit Salz, Pfeffer und Muskat würzen. Schinken-Mischung auf dem vorgebackenen Boden verteilen. Eiersahne darübergeben und im vorgeheizten Backofen ca. 25–30 Minuten goldbraun backen. Rauke waschen und trocken schütteln. Low-Carb-Quiche-Lorraine mit Rauke servieren.

LOW-CARB-POLENTA-QUICHE

Zutaten für 4 Portionen

750 ml Gemüsebrühe, 250 g Polenta, 60 g Butter, 230 g geriebener Käse, Fett für die Form, 300 g Rauke, 2 rote Zwiebeln, 1 Knoblauchzehe, 200 g Sahne, 1 Ei, Salz, frisch gemahlener Pfeffer, etwas frisch geriebener Muskat

Zubereitungszeit *ca. 45 Min.*
Backzeit *ca. 30 Min.*

1. Gemüsebrühe aufkochen. Polenta einrühren und aufkochen lassen. 30 Gramm Butter und 30 Gramm Käse unterrühren. Vom Herd nehmen und mit geschlossenem Deckel ca. 15 Minuten ausquellen lassen.

2. Polenta in eine gefettete Form geben. Mit angefeuchteten Fingern andrücken und einen Rand hochziehen. Boden in der Form auskühlen lassen.

3. Backofen auf 200 °C (Umluft 180 °C) vorheizen. Rauke waschen, trocken schütteln und die Blätter von den Stielen zupfen. Zwiebeln schälen und in Streifen schneiden. Knoblauch schälen und in kleine Stücke schneiden. In restlicher Butter glasig dünsten.

4. Sahne und Ei verschlagen. Restlichen Käse untermischen und mit Salz, Pfeffer und Muskat würzen. Zwiebeln, Knoblauch und Rauke auf dem Boden verteilen, Sahne-Ei-Mischung darübergeben und im Backofen ca. 20–30 Minuten backen.

Mehlalternativen

Wer sich low carb oder glutenfrei ernährt, verzichtet auf Weizenmehl. Was aber nicht bedeutet, dass man auf leckeres Gebäck aller Art verzichten muss. Es gibt eine große Auswahl an Mehlalternativen, die sich wunderbar zum Backen eignen und dem normalen Weizenmehl in nichts nachstehen.

Mandelmehl ist reich an Proteinen und Ballaststoffen und besonders in der Low-Carb-Ernährung sehr beliebt. Es wird aus gemahlenen Mandelpresskuchen hergestellt, einem Nebenprodukt der Mandelöl-Gewinnung. Da es kohlenhydratarm und glutenfrei ist, eignet es sich sehr gut als Ersatz für Weizenmehl.

Buchweizen gehört zu den Pseudogetreidesorten. Das aus ihm hergestellte Buchweizenmehl schmeckt nussig und liefert hochwertiges Eiweiß. Das Mehl enthält kein Gluten und ist deshalb für das glutenfreie Backen bestens geeignet. In der Low-Carb-Ernährung hat Buchweizenmehl jedoch nichts zu suchen, da es einen recht hohen Kohlenhydratanteil besitzt.

Leinsamenmehl besitzt kaum Kohlenhydrate und kann gut in der Low-Carb-Backstube eingesetzt werden. Zudem ist es auch noch glutenfrei, ein echter Alleskönner also. Weitere Pluspunkte: Leinsamenmehl steckt voller Mineralien, Vitamine und Ballaststoffe und liefert außerdem hochwertiges Eiweiß.

Wie der Buchweizen ist auch **Quinoa** ein Pseudogetreide, das besonders reich an Eiweiß und Ballaststoffen ist. Quinoa eignet sich für die glutenfreie wie auch für die kohlenhydratarme Ernährung und kann auch zum Backen, z.B. als Grundlage für einen Pizzateig, verwendet werden.

Hirse ist zwar ein Getreide, beinhaltet jedoch kein Gluten und hat deshalb seinen festen Platz in der glutenfreien Ernährung. Zudem zählt es neben dem Hafer zu der Getreideart mit den meisten Mineralstoffen, Spurenelementen und Vitaminen. Verwenden lässt sich Hirse als ganzes Korn oder gemahlen als Hirsemehl.

HIRSE-ZWIEBELKUCHEN

Zutaten für 4 Portionen

2 Zwiebeln, 70 g Butter und etwas Butter für die Form, 250 g Hirse, 750 ml Rinderbrühe, 200 g geriebener Käse (z. B. Emmentaler), 3 Eier, 200 g Sahne, Salz, frisch gemahlener Pfeffer, etwas frisch geriebener Muskat, 1 EL fein gehackte Kräuter

Zubereitungszeit *ca. 30 Min.*

Backzeit *ca. 25 Min.*

1. Zwiebeln schälen und fein hacken. 10 Gramm Butter in einer Pfanne erhitzen und Zwiebelwürfel darin andünsten. Zwiebeln und Hirse in einen Topf geben, Rinderbrühe zugießen und alles ca. 15 Minuten kochen lassen (die Hirse sollte immer mit Brühe bedeckt sein). Backofen auf 220 °C (Umluft: 180 °C) vorheizen.

2. Restliche Butter und 100 Gramm geriebenen Käse unterrühren. Eier in eine Schüssel geben und mit Sahne verrühren. Zur Hirse geben und gut verrühren. Mit Salz, Pfeffer und Muskat würzen. Kräuter untermischen. Eine flache Auflaufform mit Butter ausstreichen. Hirse-Mischung einfüllen und mit restlichen Käse bestreuen. Hirse-Zwiebelkuchen im vorgeheizten Backofen ca. 25 Minuten goldbraun backen.

LAUCH-MÖHREN-QUICHE LOW CARB

Zutaten für 4 Portionen

80 g Mandelmehl, 95 g Haferkleie, ½ TL Backpulver, Salz, 200 g Magerquark, 3 Eier, 45 ml Olivenöl, 350 g Lauch, 150 g Möhren, 100 g Zwiebeln, 150 g gekochter Schinken, 200 g Crème fraîche, 80 g geriebener Käse (z. B. Gruyère), frisch gemahlener Pfeffer, 1 Prise Cayennepfeffer

Zubereitungszeit *ca. 30 Min.*
Backzeit *ca. 50 Min.*

1. Backofen auf 200 °C (Umluft: 180 °C) vorheizen. Mehl in eine Schüssel geben und mit Haferkleie, Backpulver, 1 Teelöffel Salz, Quark, 1 Ei und 30 Milliliter Öl zu einem Teig verrühren.

2. Lauch putzen, waschen und in Ringe schneiden. Möhren putzen, schälen und würfeln. Zwiebeln schälen und fein hacken. Schinken würfeln. Restliches Öl in einer Pfanne erhitzen und Lauch, Möhren und Zwiebeln andünsten. Kurz abkühlen lassen.

3. Quicheform mit Backpapier bis zum Rand auslegen. Teig in die Form geben, Rand hochziehen. Im vorgeheizten Backofen ca. 15–20 Minuten backen.

4. Gemüse mit restlichen Eiern, Schinken, Crème fraîche und geriebenem Käse vermischen. Mit Salz, Pfeffer und Cayennepfeffer würzen. Füllung auf dem vorgebackenen Quicheboden gleichmäßig verstreichen. Im vorgeheizten Backofen ca. 30 Minuten backen.

BLUMENKOHLBODEN-PIZZA MIT SCHINKEN

Zutaten für 1 Portion

500 g Blumenkohl, Salz, 1 Ei, 2 EL gemahlene Mandeln, 80 g Ziegenfrischkäse, Oregano, 2 Scheiben gekochter Schinken, 1 rote Paprikaschote, 2 kleine rote Zwiebeln, 3 EL Tomatenmark, Rosmarin, ½ TL Zwiebelpulver, ½ TL Knoblauchpulver, frisch gemahlener Pfeffer, 50 g geriebener Käse, 1 EL fein gehackter Schnittlauch

Zubereitungszeit *ca. 55 Min.*
Backzeit *ca. 50 Min.*

1. Backofen auf 180 °C (Umluft: 160 °C) vorheizen. Blumenkohl putzen, waschen und in Röschen teilen. Röschen mit der Küchenmaschine oder mit einem großen Messer zerkleinern, bis sie die Größe von Reiskörnern haben. Blumenkohlreis mit etwas Salz, Ei, gemahlenen Mandeln, Ziegenfrischkäse und 1 Teelöffel Oregano vermischen.

2. Ein rundes Blech mit Backpapier auslegen und Teig darauf verteilen. Im vorgeheizten Backofen ca. 35–40 Minuten backen (zum Ende der Backzeit evtl. mit Alufolie abdecken). Schinken in Streifen schneiden. Paprika putzen, waschen und in Streifen schneiden. Zwiebeln schälen und in Ringe schneiden. Tomatenmark in eine Schüssel geben und mit 6 Esslöffeln Wasser, je 1 Prise Oregano und Rosmarin, Zwiebelpulver, Knoblauchpulver, Salz und Pfeffer abschmecken.

3. Den vorgebackenen Boden mit Tomatensoße bestreichen und mit Schinken, Paprika und Zwiebeln belegen. Mit Käse bestreuen. Im vorgeheizten Backofen weitere ca. 10–15 Minuten backen. Mit Schnittlauch bestreut servieren.

Schnell & unkompliziert

VORARLBERGER ZWIEBELKUCHEN

Zutaten für 4 Portionen

250 g fertiger Blätter- oder Pizzateig, 30 g Butter und etwas Fett für die Form, 4 Zwiebeln, 200 g Speck, 100 g Lauch, 1 Bund Petersilie, 2 EL Mehl, 250 ml Milch, 3 Eier, 2 EL Quark, etwas Salz, frisch gemahlener Pfeffer, etwas frisch geriebener Muskat

Zubereitungszeit *ca. 30 Min.*

Backzeit *ca. 40 Min.*

1. Teig ausrollen, in eine gefettete Quicheform legen und Rand hochziehen. Zwiebeln schälen und fein hacken. Speck fein würfeln. Lauch waschen und klein schneiden.

2. Speck in eine Pfanne geben und ohne Fettzugabe kurz anrösten. Zwiebeln und Lauch zugeben und mitrösten. Speck, Zwiebeln und Lauch auf dem Teigboden verteilen. Petersilie waschen, trocken schütteln und Blättchen fein hacken. Backofen auf 200 °C (Umluft: 180 °C) vorheizen.

3. Butter in einem Topf schmelzen lassen, Mehl zugeben und alles zügig mit dem Schneebesen verrühren. Milch zugießen und unter ständigem Rühren aufkochen lassen. Eier, Quark und Petersilie zugeben, alles verrühren und mit Salz, Pfeffer und Muskat würzen. Mischung über die Zwiebel-Speck-Mischung verteilen. Im vorgeheizten Backofen ca. 40 Minuten goldbraun backen. Dazu passt ein frischer Salat.

Tipp Lecker ist auch die Variante als Speck-Käse-Kuchen. Hierfür den Eierguss mit 200 Gramm geriebenem Bergkäse zubereiten und die Petersilie weglassen. Stattdessen den fertigen Kuchen mit Schnittlauchröllchen bestreuen.

ERBSEN-LAUCH-QUICHE MIT SCHINKEN

Zutaten für 4 Portionen

150 g Erbsen (TK-Produkt), 2 Stangen Lauch,
1 EL Öl, Salz, frisch gemahlener Pfeffer,
100 g Mozzarella, 200 g Kochschinken, 1 Ei, 300 g Ricotta,
etwas Butter für die Form, 1 Pck. Blätter- oder Mürbeteig

Zubereitungszeit *ca. 20 Min.*
Backzeit *ca. 35 Min.*

1. Erbsen leicht antauen lassen. Lauch putzen, waschen und in Ringe schneiden. Öl in eine Pfanne geben und Lauch darin kurz anbräunen. Erbsen zufügen und kurz mitdünsten. Mit Salz und Pfeffer abschmecken.

2. Backofen auf 180 °C (Umluft: 160 °C) vorheizen. Mozzarella und Kochschinken klein würfeln. Ei in eine große Schüssel geben und schaumig schlagen. Mit Ricotta vermischen. Mozzarella, Kochschinken und Erbsen-Lauch-Mischung unterheben.

3. Quicheform mit Butter ausstreichen. Teig ausrollen und in die Form geben, Rand etwas hochziehen. Füllung gleichmäßig darauf verteilen und Erbsen-Lauch-Quiche mit Schinken im vorgeheizten Backofen ca. 35 Minuten goldbraun backen.

Fertigteige – herrlich einfach

Oft muss es in der Küche schnell gehen. Sei es, weil die Kinder schon die Schnäbel ganz weit aufsperren oder weil der Magen nach der Arbeit verärgert knurrt. Fertigteige für Flammkuchen, Quiche und Co. machen die Herstellung zum Glück denkbar einfach. Und auch geschmacklich können sich die schnellen Teige sehen lassen.

Zwiebelkuchen und Quiche lassen sich auch wunderbar mit **Fertig-Blätterteig** herstellen. Diesen finden Sie entweder im Kühlregal oder in tiefgekühlter Form. Der Teig wird bei der tiefgekühlten Variante zuerst aufgetaut und sonst einfach ausgerollt und in die Quiche- oder Springform gelegt. Einen Rand hochziehen, befüllen und ab in den Ofen.

Flammkuchen- und Pizzateig gibt es ebenfalls schon fix und fertig im Kühlregal, meistens ist der Teig sogar schon fertig ausgerollt. Am besten rollen Sie den Teig mit dem Nudelholz noch etwas mehr aus, um ein besonders dünnes und knuspriges Ergebnis zu erzielen.

Auch fertiger **Strudelteig** eignet sich für die Herstellung von Zwiebelkuchen oder Quiche. Die türkische Strudelteigvariante nennt sich übrigens **Yufkateig**, während das griechische Pendant der **Filoteig** ist.

FLAMMKUCHEN WINZER ART

Zutaten für 12 Stücke

100 g rote Zwiebeln, 1 EL Öl,
1 Beutel Gewürzmischung für Spaghetti alla Carbonara (z. B. von Knorr),
50 g Cremefine (z. B. von Rama), 150 g blaue Weintrauben,
1 Pck. Flammkuchenteig (z. B. von Tante Fanny),
40 g Schinkenspeckwürfel, 50 g Ziegenfrischkäse

Zubereitungszeit *ca. 30 Min.*
Backzeit *ca. 15 Min.*

1. Zwiebeln schälen, halbieren und in Streifen schneiden. In heißem Öl dünsten. Gewürzmischung in einem kleinen Topf in 125 Milliliter kaltes Wasser einrühren. Unter Rühren kurz aufkochen. Beiseitestellen und Cremefine unterrühren.

2. Backofen auf 220 °C (Umluft: 200 °C) vorheizen. Trauben waschen und halbieren. Flammkuchenteig entrollen und mit dem Papier auf ein Backblech legen. Sahne-Gewürz-Mischung darauf verstreichen. Mit Zwiebeln, Speckwürfeln und Trauben belegen. Ziegenfrischkäse mithilfe eines Teelöffels darüber verteilen.

3. Flammkuchen im vorgeheizten Backofen ca. 15 Minuten backen.

ZUCCHINI-ZWIEBEL-PIZZA

Zutaten für 1 Backblech

1 Zucchini, 1–2 Knoblauchzehen, 3–4 rote Zwiebeln,
1 Pck. fertiger Pizzateig, 100 g Tomatenpüree,
150 g geriebener Mozzarella,
Kräutersalz, frisch gemahlener Pfeffer, Oregano

Zubereitungszeit *ca. 20 Min.*
Backzeit *ca. 15 Min.*

1. Backofen auf 200 °C (Umluft: 180 °C) vorheizen. Backblech mit Backpapier auslegen. Zucchini putzen, waschen und in Scheiben schneiden. Knoblauch schälen und fein hacken. Zwiebeln schälen und in Ringe schneiden.

2. Pizzateig ausrollen und auf das Backpapier legen. Tomatenpüree gleichmäßig darauf verstreichen, Rand etwas frei lassen. Mit einer Gabel den Teigboden mehrmals einstechen. Geriebenen Mozzarella über das Tomatenpüree streuen. Zucchini, Knoblauch und Zwiebeln gleichmäßig darauf verteilen. Mit Kräutersalz, Pfeffer und Oregano würzen.

3. Zucchini-Zwiebel-Pizza im vorgeheizten Backofen ca. 15 Minuten backen. Herausnehmen, in Stücke schneiden und genießen.

MANGOLD-LAUCH-QUICHE

Zutaten für 1 Quicheform

300 g Mangold, 1 Stange Lauch, 3–4 EL Pinienkerne, 1 EL Butter und etwas Butter für die Form, Salz, frisch gemahlener Pfeffer, 1 Pck. Blätterteig, 4 Eier, 200 g Sahne, 100 ml Milch, etwas frisch geriebener Muskat, 60 g geriebener Käse (z. B. Bergkäse)

Zubereitungszeit *ca. 35 Min.*
Backzeit *ca. 40 Min.*

1. Mangold putzen und waschen. Stiele klein schneiden, Blätter in Streifen schneiden. Lauch putzen, waschen und in Ringe schneiden. Pinienkerne in einer Pfanne ohne Fett kurz anrösten. Herausnehmen und beiseitestellen. Butter in der Pfanne schmelzen lassen und Mangoldstiele und Lauch darin einige Minuten andünsten. Mangoldblätter zugeben und kurz mitdünsten. Mit Salz und Pfeffer abschmecken. Backofen auf 200 °C (Umluft: 180 °C) vorheizen. Quicheform mit Butter ausstreichen.

2. Quicheform mit Blätterteig auslegen, sodass ein ca. 2 Zentimeter hoher Rand entsteht. Eier in eine Schüssel geben und mit Sahne und Milch verschlagen. Mit Salz, Pfeffer und Muskat würzen. Mangold-Lauch-Füllung gleichmäßig auf dem Teig verteilen. Mit Eiersahne übergießen und mit geriebenem Käse bestreuen.

3. Mangold-Lauch-Quiche im vorgeheizten Backofen auf den Boden stellen und ca. 10 Minuten backen. Weitere ca. 20–30 Minuten auf der untersten Schiene goldbraun backen. Mit gerösteten Pinienkernen bestreut servieren.

FILOTEIG-QUICHE MIT LAUCH UND SCHINKEN

Zutaten für 1 Quicheform

2 Stangen Lauch, 2 Zwiebeln, 200 g Brokkoli, 2 EL Butter, Salz, 75 g Schinken, Öl, 4 Blätter Filoteig, 3 Eier, 250 ml Milch, frisch gemahlener Pfeffer, 1 EL gehackte Kräuter nach Belieben, 80 g geriebenen Käse (z. B. Cheddar, Gouda, Parmesan)

Zubereitungszeit *ca. 40 Min.*
Backzeit *ca. 35 Min.*

1. Backofen auf 180 °C (Umluft: 160 °C) vorheizen. Lauch putzen, waschen und in Ringe schneiden. Zwiebeln schälen und in Ringe schneiden. Brokkoli putzen, waschen und in kleine Röschen teilen. Butter in einer Pfanne erhitzen und Lauch und Zwiebeln darin andünsten. Brokkoli in ausreichend Salzwasser bissfest kochen. Über einem Sieb abtropfen lassen. Schinken in kleine Würfel schneiden.

2. Quicheform mit Öl ausstreichen. Mit 1 Blatt Filoteig auslegen und dieses mit Öl einstreichen. Mit den weiteren Teigblättern ebenso verfahren. Im vorgeheizten Backofen ca. 5 Minuten backen.

3. Eier in eine Schüssel geben und mit Milch verschlagen. Mit Salz, Pfeffer und Kräutern würzen. Geriebenen Käse untermischen. Lauch-Brokkoli-Schinken-Mischung gleichmäßig auf dem Teig verteilen. Eier-Käse-Milch darübergießen. Im vorgeheizten Backofen ca. 30 Minuten goldbraun backen. Kurz abkühlen lassen und servieren.

FLAMMKUCHEN MIT SALAMI

Zutaten für 8 Stücke

3 Frühlingszwiebeln, 80 g Baguette-Salami (z. B. von Du darfst), 2 Chilischoten, 200 g Crème fraîche, Salz, frisch gemahlener Pfeffer, 1 Pck. fertiger Pizzateig, 5 Stängel Petersilie

Zubereitungszeit *ca. 20 Min.*
Backzeit *ca. 20 Min.*

1. Frühlingszwiebeln putzen und mit Baguette-Salami in Würfel schneiden. Chilischoten längs halbieren, entkernen und fein würfeln. Backofen auf 225 °C (Umluft: 200 °C) vorheizen. Hälfte der Chilischoten mit Salami und Frühlingszwiebeln unter die Crème fraîche rühren. Mit Salz und Pfeffer würzen.

2. Teig mit dem Backpapier auf ein Blech abrollen und mit der Crème fraîche bestreichen. Im vorgeheizten Backofen auf der zweiten Schiene von unten ca. 15-20 Minuten backen.

3. Petersilie fein hacken. Den Flammkuchen in Stücke schneiden und mit Petersilie und den restlichen Chilischoten bestreut servieren.

Tipp Zwiebeln gibt es in vielen verschiedenen Farben und Formen, dieser Artenreichtum hängt unter anderem auch mit den Umweltbedingungen zusammen. Bei feuchter Witterung und dichtem Bestand ist die Zwiebel meist rund bis birnenförmig, bei Trockenheit mit weitem Stand gibt es häufiger flache Zwiebelformen.

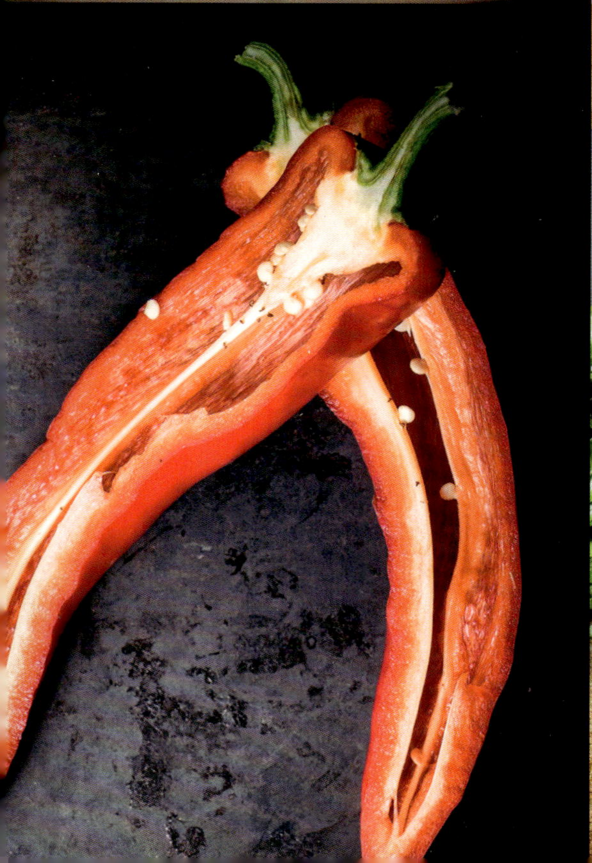

WÜRZIGE SPANAKOPITA

Zutaten für 4 Portionen

1 kg junger Blattspinat, Salz, 500 g Lauch, 1 große Zwiebel, ½ Bund frischer Dill, 1 Stängel frische Minze, 300 g Feta, Olivenöl, 2 Eier, frisch gemahlener Pfeffer, 1 Pck. Filo-oder Blätterteig

Zubereitungszeit *ca. 30 Min.*
Backzeit *ca. 1 Std.*

1. Spinat putzen, unter kaltem Wasser waschen und abtropfen lassen. In einem Topf reichlich Salzwasser zum Kochen bringen und in einer Schüssel Eiswasser bereitstellen.

2. Spinat im kochenden Wasser ca. 30 Sekunden blanchieren, aus dem Wasser heben und sofort in Eiswasser abschrecken. Spinat in einem Sieb gut abtropfen lassen, ausdrücken und in kleine Streifen schneiden. Lauch putzen, der Länge nach halbieren, gründlich waschen und in dünne Scheiben schneiden. Zwiebel schälen, halbieren und fein würfeln. Dill und Minze waschen und trocken schütteln. Dillfähnchen und Minzeblätter fein schneiden. Feta fein zerkrümeln. Backofen auf 250 °C (Umluft: 230 °C) vorheizen.

3. Olivenöl in einem Topf erhitzen, Lauch und Zwiebel darin scharf anbraten. Abkühlen lassen. Eier verschlagen. Spinat, Dill, Minze, Feta und Eier zugeben. Alles gut vermischen und mit Salz und Pfeffer kräftig würzen. Eine gefettete Auflaufform mit Filo- oder Blätterteig auslegen, Spinatfüllung und Teigplatten abwechselnd einschichten. Jede Teigplatte mit etwas Öl bestreichen. Mit einer Teigplatte abschließen. Spanakopita im vorgeheizten Backofen ca. 1 Stunde backen.

PIKANTER BLECHKUCHEN

Zutaten für 1 Blech

2 Pck. Blätterteig, 250 g Schinken, 1 Stange Lauch,
½ Bund Thymian, ½ Bund Petersilie,
2 Knoblauchzehen, 400 g saure Sahne, 5 Eier, 200 g geriebener Käse,
1 TL grob zerstoßener Pfeffer, Salz

Zubereitungszeit *ca. 15 Min.*
Backzeit *ca. 40 Min.*

1. Ein Backblech mit Backpapier auslegen. Blätterteig auf das Backblech legen und einen Rand rundherum formen. Backofen auf 180 °C (Umluft: 160 °C) vorheizen.

2. Schinken in feine Streifen schneiden. Lauch putzen und in Ringe schneiden. Thymian und Petersilie waschen, trocken schütteln, Blättchen von den Stängeln zupfen und klein hacken. Knoblauch schälen und klein schneiden. Schinken, Lauch, saure Sahne, Eier, Käse, Knoblauch, Thymian und Petersilie mischen. Mit Pfeffer und Salz würzen.

3. Schinken-Mischung gleichmäßig auf dem Blätterteig verteilen. Im vorgeheizten Backofen ca. 30–40 Minuten backen.

ZWIEBELKUCHEN MIT PAPRIKA

Zutaten für 1 Springform (ca. 26 cm Durchmesser)

250 g Zwiebeln, 1 rote Paprika, 100 ml halbtrockener Weißwein, frisch gemahlener Pfeffer, ½ TL Fenchelsamen, 50 g roher Schinken, 100 g Magerquark, 2 ½ EL Mineralwasser, 2 Eier, Salz, etwas frisch geriebener Muskat, 1 großes Blatt Yufkateig (ca. 150 g), 1 TL Öl

Zubereitungszeit *ca. 20 Min.*
Backzeit *ca. 30 Min.*

1. Backofen auf 180 °C (Umluft: 160 °C) vorheizen. Springform mit Backpapier auslegen. Zwiebeln schälen und in feine Ringe schneiden. Paprika putzen, waschen und in schmale Streifen schneiden. Gemüse in einer großen Pfanne mit Weißwein aufkochen. Mit Pfeffer und Fenchelsamen abschmecken. So lange köcheln lassen, bis die Flüssigkeit verdampft ist. Schinken in kleine Würfel schneiden und unterheben.

2. Quark in eine Schüssel geben und mit Mineralwasser und Eiern glatt rühren. Mit Salz, Pfeffer und Muskat würzen.

3. Yufka-Teig in eine Springform geben und Ränder ca. 2 Zentimeter überlappen lassen. Öl mit 1 Esslöffel Wasser vermischen und Teig damit bestreichen. Gemüse und Quarkmasse auf dem Teig verteilen. Teigränder zur Mitte hin einklappen. Zwiebelkuchen mit Paprika im vorgeheizten Backofen auf der mittleren Schiene ca. 25–30 Minuten backen. Dazu schmeckt Tomatensalat.

ZWIEBELKUCHEN MIT ÄPFELN UND SPECK

Zutaten für 4 Portionen

500 g Zwiebeln, 100 g roher Schinkenspeck, 200 g saure Sahne, 3 Eier, Salz, frisch gemahlener Pfeffer, 4 Äpfel, Saft von 1 Zitrone, 2 Pck. fertiger Pizzateig

Zubereitungszeit *ca. 20 Min.*
Backzeit *ca. 40 Min.*

1. Zwiebeln schälen und in dicke Ringe schneiden. Schinkenspeck in Stücke schneiden und in einer Pfanne ohne Öl knusprig anbraten. Zwiebelringe zugeben und ca. 3 Minuten unter Rühren anschwitzen.

2. Backofen auf 180 °C (Umluft: 160 °C) vorheizen. Saure Sahne mit Eiern verschlagen und mit Salz und Pfeffer kräftig würzen.

3. Äpfel waschen, halbieren, vom Kerngehäuse befreien und in Spalten schneiden. Mit Zitronensaft beträufeln. Pizzateig auf ein mit Backpapier belegtes Backblech rollen.

4. Zwiebel-Speck-Mischung gleichmäßig auf den Teig geben, mit Eiersahne begießen und Apfelspalten auf dem Kuchen verteilen. Zwiebelkuchen im vorgeheizten Backofen ca. 40 Minuten backen.

FLAMMKUCHEN MIT PFIRSICH UND HONIG

Zutaten für 2 Portionen

1 Pck. Flammkuchenteig, 200 g Ziegenfrischkäse, 2 rote Zwiebeln, 2 Pfirsiche, 4 Zweige Rosmarin, frisch gemahlener Pfeffer, 1 EL flüssiger Honig

Zubereitungszeit *ca. 10 Min.*
Backzeit *ca. 12 Min.*

1. Backofen auf 220 °C (Umluft nicht empfehlenswert!) vorheizen. Backblech mit Backpapier auslegen. Flammkuchenteig damit belegen. Teig gleichmäßig mit Ziegenfrischkäse bestreichen.

2. Zwiebeln schälen und in Ringe schneiden. Pfirsich mit heißem Wasser überbrühen, kurz ziehen lassen und die Haut mit einem scharfen Messer entfernen. Kern entfernen und Fruchtfleisch in Spalten schneiden. Rosmarin waschen, trocken schütteln, Nadeln abstreifen und fein hacken.

3. Teig mit Zwiebelringen und Pfirsichspalten belegen. Mit Rosmarin und Pfeffer bestreuen. Im vorgeheizten Backofen auf der untersten Schiene ca. 10–12 Minuten backen. Herausnehmen, mit Honig beträufeln und heiß servieren.

Kleingebäck mit Zwiebeln & Lauch

SPECK-MUFFINS MIT FRÜHLINGSZWIEBELN

Zutaten für 6 Stück

2 Frühlingszwiebeln, 150 g Speckwürfel,
200 g Mehl, 1 TL Salz, 2 TL Backpulver,
100 ml Öl, 1 Ei, 200 ml Milch,
125 g geriebener Cheddar oder andere

Zubereitungszeit *ca. 20 Min.*
Backzeit *ca. 25 Min.*

1. Backofen auf 180 °C (Umluft: 160 °C) vorheizen. 6 Papierbackförmchen in die Mulden eines Muffinblechs verteilen. Frühlingszwiebeln waschen, putzen und in feine Scheiben schneiden.

2. Speckwürfel in einer Pfanne anbraten. Abkühlen lassen. Mehl, Salz und Backpulver mischen. Öl, Ei und Milch mischen. Speck, Käse und Frühlingszwiebeln zur Öl-Ei-Mischung geben und kurz vermischen. Mischung zum Mehl geben und alles gut verrühren.

3. Teig in die Förmchen füllen. Muffins im vorgeheizten Backofen ca. 25 Minuten backen.

Tipp Die Muffins schmecken am Zubereitungstag am besten, können aber auch Tage später serviert werden.

BÄRLAUCH-SCONES

Zutaten für 1 Backblech

½ Bund Bärlauch, 200 g Mehl und etwas Mehl für die Arbeitsfläche, 1 ½ TL Backpulver, 1 TL Salz, 3 EL geriebener Käse, 60 g kalte Butter, 140 ml Milch, 1 Eigelb

Zubereitungszeit *ca. 25 Min.*
Backzeit *ca. 12 Min.*

1. Backofen auf 220 °C (Umluft: 200 °C) vorheizen. Backblech mit Backpapier auslegen. Bärlauch waschen, trocken schütteln, Stiele entfernen und grob hacken.

2. Mehl in eine Rührschüssel sieben und mit Backpulver und Salz vermischen. Bärlauch und geriebenen Käse unterrühren. Butter in kleine Stücke schneiden, zufügen und unterrühren. 130 Milliliter Milch langsam zugießen und alles kurz zu einem zähflüssigen Teig verrühren.

3. Teig auf einer bemehlten Arbeitsfläche kräftig kneten und ca. 1 Zentimeter dick ausrollen. Mit einer Ausstechform Scones ausstechen. Bärlauch-Scones mit etwas Abstand auf das Backpapier setzen. Eigelb mit restlicher Milch verschlagen und Scones damit bestreichen. Im vorgeheizten Backofen auf der mittleren Schiene ca. 12 Minuten goldbraun backen.

ZWIEBEL-APFEL-SCHNECKEN

Zutaten für 4 Portionen

2 Zwiebeln, 1 großer Apfel (z. B. Boskop), 50 g Räucherspeck, 1 EL Keimöl (z. B. von Mazola), Salz, frisch gemahlener Pfeffer, 1 Beutel Pizzateig (z. B. von Mondamin), 50 g geriebener Emmentaler, 1 Eigelb

Zubereitungszeit *ca. 30 Min.*
Backzeit *ca. 30 Min.*

1. Zwiebeln schälen und würfeln. Apfel waschen, entkernen und in kleine Würfel schneiden. Speck ebenfalls würfeln. Speck, Zwiebeln und Apfel in heißem Öl andünsten. Mit Salz und Pfeffer würzen. Backofen auf 200 °C (Umluft: 180 °C) vorheizen.

2. Beutelinhalt Pizzateig mit 125 Milliliter lauwarmem Wasser verkneten. Teig zu einem Rechteck (ca. 30 x 20 Zentimeter) ausrollen. Speck-, Zwiebel- und Apfelwürfel darauf verteilen und Käse darüberstreuen.

3. Teigplatte von der schmalen Seite her aufrollen und in 1–2 Zentimeter breite Stücke schneiden. Schnecken auf ein mit Backpapier ausgelegtes Backblech geben, mit Eigelb bestreichen und ca. 25–30 Minuten backen.

KÄSE-LAUCH-MUFFINS

Zutaten für 12 Stück

100 g Hartkäse (z. B. Emmentaler), ½ Apfel, 120 g Lauch, 150 g Butter, 6 EL Milch, 1 Ei, 1 TL Oregano, Salz, frisch gemahlener Pfeffer, 250 g Mehl, 1 Pck. Backpulver

Zubereitungszeit *ca. 30 Min.*
Backzeit *ca. 25 Min.*

1. Backofen auf 200 °C (Umluft: 180 °C) vorheizen. Mulden eines Muffinblechs mit Papierbackförmchen auslegen. 20 Gramm Käse reiben, restlichen Käse sehr klein würfeln. Apfel waschen, halbieren, vom Kerngehäuse befreien und in Würfel schneiden. Lauch waschen und in dünne Ringe schneiden.

2. 120 Gramm Butter erhitzen, schmelzen lassen und beiseitestellen. Restliche Butter erhitzen und Apfel und Lauch darin bei mittlerer Hitze unter Rühren ca. 5 Minuten anbraten.

3. Zerlassene Butter, Milch und Ei mit den Quirlen des Handrührgeräts verrühren. Oregano, Salz und Pfeffer untermischen. Käse, Apfel und Lauch unterrühren. Mehl und Backpulver vermischen und kurz untermengen.

4. Teig in die Muffinmulden füllen und geriebenen Käse darübergeben. Im vorgeheizten Backofen ca. 20–25 Minuten backen und noch lauwarm servieren.

FLADENBROT-ZWIEBELKUCHEN

Zutaten für 2 Portionen

6 Zwiebeln (ca. 400 g), 2 EL Butter, Salz, frisch gemahlener Pfeffer, 1 TL Kümmel, ½ TL edelsüßes Paprikapulver, ½ TL Zucker, 150 g Cocktailtomaten, 2 kleine Fladenbrote (à ca. 130 g, 15 cm Durchmesser), 125 g Crème fraîche mit Kräutern, 100 g geriebener Käse (z. B. Gouda)

Zubereitungszeit *ca. 20 Min.*
Backzeit *ca. 15 Min.*

1. Backofen auf 220 °C (Umluft: 200 °C) vorheizen. Backblech mit Backpapier auslegen. Zwiebeln schälen und in feine Streifen schneiden. Butter in einer Pfanne erhitzen und Zwiebeln darin ca. 6–8 Minuten dünsten. Mit Salz, Pfeffer, Kümmel, Paprikapulver und Zucker abschmecken.

2. Tomaten waschen, halbieren und vom Stielansatz befreien. Fladenbrote waagerecht halbieren und mit Crème fraîche bestreichen. Mit Tomaten belegen und Zwiebeln darauf verteilen. Mit Käse bestreuen. Im vorgeheizten Backofen auf der mittleren Schiene ca. 15 Minuten backen.

BLÄTTERTEIGTÖRTCHEN MIT ZWIEBELN

Zutaten für 6 Portionen

3 Schalotten, 2 rote Zwiebeln, 60 g getrocknete Tomaten, 6 Blätter Basilikum und etwas Basilikum zum Garnieren, 1 EL Butter und etwas Butter für die Form, 1 EL brauner Zucker, 2 EL Balsamico, Salz, frisch gemahlener Pfeffer, 270 g Blätterteig

Zubereitungszeit *ca. 25 Min.*
Backzeit *ca. 20 Min.*

1. Backofen auf 200 °C (Umluft: 180 °C) vorheizen. Schalotten schälen, vierteln und in feine Streifen schneiden. Zwiebeln schälen und fein hacken. Tomaten klein würfeln. Basilikum waschen, trocken schütteln und fein hacken.

2. Butter in einer Pfanne erhitzen und Schalotten, Zwiebeln und Tomaten darin andünsten. Basilikum unterrühren und mit Zucker bestreuen. Karamellisieren lassen und mit Balsamico ablöschen. Mit Salz und Pfeffer abschmecken.

3. Muffinform mit Butter ausstreichen. Blätterteig in 6 Quadrate im Durchmesser der Mulden zuschneiden. Mulden damit auskleiden. Zwiebel-Tomaten-Mischung gleichmäßig auf dem Teig verteilen. Blätterteigtörtchen mit Tomaten und Zwiebeln im vorgeheizten Backofen ca. 20 Minuten goldbraun backen. Mit Basilikum garniert servieren.

ZWIEBEL-PAPRIKA-MUFFINS MIT SPECK

Zutaten für 12 Stück

50 g Butter, 2 Eier, 100 g Frischkäse, 125 ml Vollmilch, 100 g geriebener Emmentaler, 1 TL Salz, frisch gemahlener Pfeffer, 200 g Mehl, ½ Pck. Backpulver, 2 Frühlingszwiebeln, 1 kleine Zwiebel, ½ Knoblauchzehe, 60 g magerer Schinkenspeck, 1 kleines Stück rote Paprikaschote, ½ Möhre, 1 kleine Chilischote, 150 g Champignons, 2 EL fein gehackte Kräuter (Petersilie, Thymian, Rosmarin)

Zubereitungszeit *ca. 30 Min.*
Backzeit *ca. 30 Min.*

1. Butter leicht erwärmen, mit Eiern, Frischkäse, Milch und 60 Gramm des geriebenen Emmentalers verquirlen. Mit Salz und Pfeffer kräftig würzen. Backofen auf 180–190 °C (Umluft: 160–170 °C) vorheizen.

2. Mehl sieben, Backpulver unterheben, zur Ei-Masse geben und zu einem glatten Rührteig verarbeiten.

3. Zwiebeln und Knoblauch schälen, alles fein würfeln. Schinkenspeck in kleine Stücke schneiden, Paprika putzen, waschen und in kleine Stücke schneiden. Möhre schälen und in schmale Stifte, Chilischote in Ringe schneiden. Champignons putzen und in Scheiben schneiden.

4. Speck in einer Pfanne anbraten. Zwiebeln, Knoblauch, Pilze und Gemüse zugeben und kurz andünsten. Abkühlen lassen und mit Kräutern unter den Rührteig heben.

5. Masse in 12 Muffinförmchen (5 Zentimeter Durchmesser) füllen. Mit dem restlichen Käse bestreuen und im vorgeheizten Backofen ca. 25–30 Minuten backen.

Passende Gewürze und Kräuter

Die besten Rezepte kommen nicht ohne die passenden Gewürze und Kräuter aus. Die Zugabe von Salz und frisch gemahlenem Pfeffer versteht sich von selbst. Welche Gewürze und Kräuter noch in die Füllung oder auf den Belag kommen, erfahren Sie hier.

In sehr vielen Quiche- und Zwiebelkuchen-Rezepten wird **Muskat** erwähnt. Hierbei handelt es sich um die Muskatnuss, die am besten frisch gerieben in die Quichefüllung kommt. Da das Muskat-Aroma sich schnell verflüchtigt, sollte man immer die frisch geriebene Variante wählen und nicht das fertig geriebene Muskatpulver aus dem Supermarkt.

Paprikapulver macht sich ebenfalls gut in Quiche-, Zwiebelkuchen- und Tarte-Füllungen. Es gibt es in den verschiedensten Schärfegraden, von mildsüß bis scharf, und zeichnet sich durch ein feines Aroma aus. Am häufigsten verwendet man hierzulande übrigens die edelsüße Variante.

Thymian passt hervorragend zu Quiche- und Zwiebelkuchen-Füllungen und macht sich auch gut auf Flammkuchen- und Pizzabelägen. Das mediterrane Kraut schmeckt pikant und ist reich an sekundären Pflanzenstoffen und ätherischen Ölen. Thymian kann entweder frisch oder in getrockneter Form verwendet werden, beide Versionen sind sehr aromatisch.

Ein weiterer mediterraner Kräuterklassiker ist **Rosmarin**. Am besten frisch gehackt in die Füllung gegeben oder auf den Belag gestreut, bereichern die aromatischen Nadeln viele Quiche- und Zwiebelkuchen-Rezepte. Rosmarin passt hervorragend zu Rezepten mit allen Fleischsorten, Zucchini und Teigwaren.

Von den heimischen Kräutern passt vor allem **Petersilie** gut in Tarte-, Zwiebelkuchen- und Quiche-Füllungen. Außerdem macht sie sich gut als dekoratives Element auf fertigen Flammkuchen, Quiches und Co.

ZWIEBEL-TORTELETTES MIT SAHNEFÜLLUNG

Zutaten für 6 Stück

200 g Mehl, Salz, 120 g Butter und etwas Butter für die Förmchen, 2 Eier, 3 Frühlingszwiebeln, 2 Schalotten, frisch gemahlener Pfeffer, Fett für die Form, 100 g Sahne, 50 g saure Sahne

Zubereitungszeit *ca. 30 Min. + ca. 30 Min. Kühlzeit*
Backzeit *ca. 20 Min.*

1. Mehl, 1 Prise Salz, 100 Gramm kalte Butter und 1 Ei zu einem geschmeidigen Teig kneten. Teig in Folie gewickelt ca. 30 Minuten in den Kühlschrank legen.

2. Backofen auf 170 °C (Umluft: 150 °C) vorheizen. Frühlingszwiebeln waschen, putzen und fein hacken. Schalotten schälen, fein hacken und in restlicher heißer Butter glasig dünsten. Mit Salz und Pfeffer abschmecken. Frühlingszwiebeln zugeben.

3. Teig zwischen 2 Lagen Backpapier ausrollen und in 6 gefettete Tortelettéförmchen füllen. Teig mit einer Gabel mehrmals einstechen. Im vorgeheizten Backofen ca. 5 Minuten backen.

4. Sahne, saure Sahne, restliches Ei, Salz und Pfeffer verrühren. Zwiebel-Masse gleichmäßig in die vorgebackenen Tortelettes geben und mit Sahnemischung auffüllen. Tortelettes im Backofen ca. 12–15 Minuten fertig backen.

ZWIEBEL-TÖRTCHEN

Zutaten für 4–6 Portionen

½ Würfel Hefe, 300 g Mehl, 1 Prise Zucker, Salz, 3 EL Olivenöl, 2 rote Zwiebeln, 1 Knoblauchzehe, frisch gemahlener Pfeffer, ½ TL Kümmel, 1 EL saure Sahne

Zubereitungszeit *ca. 35 Min. + ca. 1 Std. Gehzeit*

Backzeit *ca. 30 Min.*

1. Hefe in ca. 150 Millilitern lauwarmem Wasser auflösen. Mehl in eine Rührschüssel sieben. Zucker und 1 Prise Salz zugeben und mit 2 Esslöffeln Öl und Hefewasser zu einem glatten Teig verkneten. Teig abgedeckt an einem warmen Ort ca. 30 Minuten gehen lassen.

2. Zwiebeln schälen und in feine Streifen schneiden. Knoblauch schälen und fein hacken. Restliches Öl in einer Pfanne erhitzen und darin Zwiebeln und Knoblauch andünsten. Mit Salz, Pfeffer und Kümmel abschmecken. Zwiebelmischung mit saurer Sahne verrühren. Vom Herd nehmen und leicht abkühlen lassen.

3. Backblech mit Backpapier auslegen. Teig kräftig kneten und in vier bis sechs gleich große Stücke teilen. Zu runden, flachen Törtchen formen und in die Mitte eine kleine Mulde drücken. Auf das Backpapier legen und abgedeckt an einem warmen Ort ca. 30 Minuten gehen lassen. Backofen auf 180 °C (Umluft: 160 °C) vorheizen.

4. Mit einem kleinen Löffel jeweils etwas Füllung in die Mulde geben und glatt streichen. Törtchen im vorgeheizten Backofen ca. 30 Minuten backen.

REZEPTREGISTER

Bildnachweis

Bertolli: 85; Du darfst: 129 o. re.; Knorr: 2 li., 21, 35 u. re., 123 u. li.; Mondamin: 145; Rama: 75 o. re.; Shutterstock: 2 re. Irina Meliukh; 3 li., 31, 83, 113 u. li., 113 o. re., 119 Edith Frincu; 3 re. Barbara Dudzinska; 5 AS Food studio; 6 Natalya Maiorova; 10 o. li. Szasz-Fabian Jozsef; 10 o. re. Slawomir Fajer; 10 u. Joerg Beuge; 14 u. re. Sea Wave; 14 o., 79 re. Africa Studio; 14 u. li. Mi.Ti.; 23 o. li. Fotografiche; 23 u. li. Magdanatka; 23 o. re. Magdanatka; 23 u. re. Aleksandra Witkowska; 24 li. iprachenko; 24 re. Gamzova Olga; 24 Mi. Cherries; 27 Kiian Oksana; 29 o. re. Marcin Wos; 29 o. li., 29 u. re. 2xDP; 29 u. li. Karpenkov Denis, 32 vi mart, 35 u. li., 35 o. re. JL-Pfeifer; 35 o. li. Bairachnyi Dmitry; 37 minadezhda; 39 u. re. Aneta_Gu; 39 o. li. Liyba Dozz; 39 o. re., 39 u. li. joannawnuk; 41 Maria Komar; 43 o. li. Bankpyt; 43 u. li. greatstockimages; 43 o. re. denio109; 43 u. re. Bankpyt; 44 re. aisen_stock; 44 Mi. stockcreations; 44 li. ffolas; 49 Elena Trukhina; 51 u. re. VladimirPB; 51 o. li. Mooid Art; 51 o. re. Catherine Murray; 51 u. li. Kostenko Iryna; 53, 77, 117 MariaKovaleva; 57 photosimysia; 59 Joerg Beuge; 60 AnikonaAnn; 62 re. Sia-James; 62 li. Karin Nelson; 62 Mi. Robson90; 65 melima; 69 Irina Meliukh; 73 photosimysia; 75 u. re. margouillat photo; 75 o. li. Cristalov; 75 u. li. Iana Chyrva; 79 Mi. Valentyn Volkov; 79 li. Ana Muraca; 80 GreenArt; 85 o. re. Syda Productions; 85 o. li. Viktor1; 85 u. li. Marsan; 87 zoryanchik; 88 li. Robyn Mackenzie; 88 re. Popoudina Svetlana; 91 Patrycja Nowak; 95 YuliiaHolovchenko; 97 o. re. RazoomGame; 97 u. li. racorn; 97 o. li. juefraphoto; 97 u. re. juefraphoto; 99 Josie Grant; 100 re. koss13; 100 li. Taiftin; 103 Asya Nurullina; 105 u. re. supercat; 105 u. li. Krkr; 105 o. li. Sergei Stemprok; 105 o. re. snomedia; 107 Stepanek Photography; 108 nadianb; 110 Mi. Cholpan; 110 li. Ksenija Toyechkina, 110 re. Brent Hofacker; 113 u. re. Elena Pavlovich; 113 o. li. optimarc; 120; Dream79; 123 o. re. enjoysun24; 123 o. li. Quanthem; 123 u. re. iuliia_n; 125 Barbara Dudzinska; 127 li. Borkin Vadim; 127 re. RAphoto77; 127 Mi. ffolas; 129 u. re. Sebastian Studio; 129 u. li. NeZlat; 129 o. li. Vigen M; 131 Alexander Prokopenko; 133 Marian Weyo; 135 u. re. laran2; 135 o. re., 135 u. li. WichianKD; 135 o. li. laran2; 137 aliasemma; 141, 149, 157 NoirChocolate; 143 o. re., 143 u. li. images72; 143 u. re., 143 o. li. Jiri Hera; 147 re. ESstock; 147 Mi. l.marchuk; 147 li. Ana Photo; 151 gagayear; 152 In Green; 155 o. re., 155 u. li. olepeshkina; 155 o. li. aminphotoz; 155 u. re. inewsfoto; Cover: siehe Innenteil

Impressum

www.vivo-buch.de

ISBN 978-3-945623-31-2

Komplettproducing: twinbooks, München
Text und Lektorat: Jana Lösch, Sarah Herhut, Eva Hutter, Melanie Goldmann
für twinbooks, München